JN424227

사무행정관리

김원규 · 권경희 공저

도서출판 상학당

欲爲大者 當爲人役

크고자 하거든 남을 섬기라

머리말

21세기 사회는 정보시대, 하이테크시대, 융·복합시대로 특징짓는 지식산업시대(知識産業時代)이다. 이에 우리 정부(政府)도 이러한 시대적 상황에 능동적·적극적으로 대응함은 물론 보다 확실한 비전(vision)을 위한 조직의 활성화, 능률화를 통한 효율적 행정관리에 관심을 갖고 기존의 '사무관리규정'을 2016년 개정, 2018년 일부 개정을 통하여 '행정효율과 협업촉진에 관한 규정'으로 개편하였다.

특히 정보통신기술의 발달로 많은 양(量)의 정보가 신속히 전달, 처리될 수 있게 됨으로써 오늘날 사무행정관리에서 정보관리는 필수적인 요소가 되었으며, 이로 인한 사무처리 방법과 행태(行態)에 큰 변화를 맞이하였다. 즉 행정이나 경영부문에서 자체적인 내부적 능률과 생산성 향상을 이루지 못하면 도태될 수밖에 없는 상황이 된 것이다.

그러나 정보통신분야의 발달은 어디까지나 사무행정관리의 수단(도구)에 불과하다. 즉 사무를 보다 효율적으로 운영하기 위해 이용되는 것이다. 따라서 정보통신기술은 증대되는 사무행정을 보다 능률적이고 생산적으로 사무를 관리하기 위해서 기존의 사무관리를 '행정효율과 협업촉진에 관한 규정'으로 전편 개편하기에 이른 것이다.

'행정효율과 협업촉진에 관한 규정'은 궁극적으로 행정의 능률과 생산성 향상이다. 따라서 국가(중앙정부) 및 지방자치단체, 기업체들도 보다 진지하게 사무행정관리의 고도화를 추구하여야 한다.

이 교재는 이러한 목적의식을 가지고 2018년 개편된 '행정효율과 협업촉진에 관한 규정'과 '민원처리에 관한 법률'을 중심으로 다루었다. 즉, 행정 및 경영실무자는 물론 이를 배우는 학생들을 염두에 두고 실무에 활용할 수 있도록 정리하였다.

첫째, 제 I 편에서는 '행정효율과 협업촉진에 관한 규정'을 중심으로 행정기관의 행정업무 운영에 관한 사항, 행정업무의 간소화 · 표준화 · 과학화 · 정보화를 도모하고 행정기관간의 협업(協業)을 촉진하여 행정효율을 높이는 내용을 중심으로 살펴보았다.

즉, 사무관리, 문서관리, 서식관리, 관인관리는 물론 행정업무의 효율적 수행과 관리, 이에 따른 책임의 명확성을 위한 정책실명제에 대해 소개하였다.

둘째, 제 II 편에서는 '민원처리에 관한 법률(약칭 민원처리법)'을 중심으로 민원의 공정하고 적법한 처리와 민원행정제도의 합리적 개선, 국민의 권익보호를 위한 정부시책이나 행정제도, 그 운영에 관한 국민제안 처리방법 등을 중심으로 다루었다.

이 책은 시대의 급속한 변화 추이에 맞추어 앞으로 계속 보완하여 나아가야 할 것이다. 아울러 협업에 동의, 역할 분담을 적극적으로 해주신 동료 권경희 교수에게 고마움을 표한다. 그리고 틈틈이 워드작업을 도와준 둘째 아들 효원과 막내 지영은 물론, 자료정리 및 원고정리에 도움을 주신 도서출판 상학당의 남승우 사장님과 직원 여러분의 노고에 감사드린다.

학문의 진리를 추구하기 위해선 제자가 스승의 자리를 뛰어 넘어야 제대로 빛을 발한다.
이 빛이 온전히 발휘되기 위해서 사제(師弟)간의 존경과 예의가 갖추어져야 한다.

2019년 12월

저자 올림

차례

제 I 편 사무행정관리

제 1 장 사무관리 / 11

제 2 장 문서관리 / 25

제 3 장 서식관리 / 105

제 4 장 관인관리 / 117

제 5 장 행정업무의 효율적 수행 / 131

제 6 장 행정업무의 관리 / 165

제 7 장 정책실명제 / 173

제II편 | 민원처리에 관한 법령

제 1 장 민원처리의 개요 / 185

제 2 장 민원의 처리 / 197

제 I 편

사무행정관리

제 1 장
사무관리

1-1 업무의 개념

업무에 대한 종래의 개념은 "업무의 본질을 서류에 관한 업무 또는 그 업무를 수행하는 행위"로 간주한다.

그러나 현대사회가 고도로 산업화되고 정보화됨에 따라 사무량이 증가되고 업무의 질(質)이 복잡, 다양해짐으로써 업무의 본질을 행정 및 경제의 관리활동을 촉진하고 정보를 처리하는 기능적인 측면으로 파악하고 있다. 즉 업무의 본질을 작업적인 측면과 기능적인 측면으로 살펴볼 수 있는데 그 구체적인 내용은 다음과 같다.

1. 작업적인 측면(소극설 : 업무중심)

페이퍼 워크(paper work), 데스크 워크(desk work)라는 점에 중점을 두고 업무는 사무실에서 이루어지는 문서의 생산, 유통, 보전을 위주로 하는 서류에 관한 작업으로 보는 시각이다.

2. 기능적인 측면(적극설 : 업무를 포함한 모든 일)

업무는 조직의 목적을 달성하기 위하여 정보를 수집, 가공, 저장하여 활용하는 정보처리기능으로 보는 시각이다. 또한 행정업무의 국민에 대한 성과를 강조함에 따라 사무실에서 이루어지는 일 뿐만 아니라 국민과의 접점에서 이루어지는 일련의 행정과정까지 포괄하는 업무의 개념으로 확대되었다.

1-2 업무의 기능 및 종류

1. 업무의 기능

1) 조직 활동의 보조 및 촉진

문서를 작성하고 처리하는 작업, 즉 업무는 그 자체를 위하여 있는 것이 아니라, 조직의 목적달성을 위한 업무활동 과정에서 그 수단으로 존재하는 것이다.

업무는 업무의 수행과정과 내용 그리고 그 결과를 명확히 할 뿐만 아니라, 그 결과로 남게 된 각종 자료는 다음 활동의 지침이 되거나 의사결정에 필요한 정보를 제공하는 중요한 역할을 한다.

2) 관련 분야의 연계성 유지

업무는 조직체가 행하는 수 개의 활동을 각 부문 또는 기관 간에 서로 연결시켜 주면서 상호간의 활동을 협조, 보완하게 하고 때로는 견제, 조정하는 역할을 한다.

이러한 업무의 연계기능은 각 부분의 활동을 원활하게 하며, 서로 자기의 위치와 활동방향을 깨닫게 하여 사회유기체의 일원으로서 필요한 활동이 전개되도록 유도하고, 촉진하여 관련 분야 간의 연계성을 유지하도록 한다.

3) 정보처리기능

정보처리란 정보를 수집, 생산, 전달, 정리, 선택, 가공, 분석 및 평가를 하거나 보관하는 활동 등을 말한다. 따라서 업무는 조직의 목적달성을 위한 의사결정에 있어 필요한 정보를 처리한다.

4) 업무수행기능

업무은 모든 업무수행에 있어서 필수적인 수단이며 업무작업의 종류에는 읽기, 쓰기, 의사소통, 조사 · 확인, 계산, 분류 · 정리, 기타 서류나 물품의 운반 작업 등이 있다.

2. 업무의 종류

1) 목적에 의한 분류

(1) 본래업무

조직의 존립 · 유지와 조직의 목적달성에 직접적으로 기여할 수 있도록 기능별로 분화된 각 조직의 고유 업무를 말한다. 본래업무는 각 조직영역별로 고유한 내용을 가지며, 기능별로 분화되어 있는 것이 특징이다. 예를 들어 「경찰관 직무집행법에 의한 직무집행 시의 보고절차 규칙」 등을 들 수 있다.

(2) 지원업무

본래업무가 조직의 본래 목적을 달성하기 위하여 행하는 업무인데 반하여 지원 업무는 개개의 목적 영역에 공통적으로 존재하며, 그 조직 목적을 달성하기 위하여 간접적(수단적)으로 수행하는 업무이다. 예를 들어 대학의 본래사무가 교육이라면 이를 좀 더 능률적이고 효과적으로 수행하기 위하여 지원하는 업무가 이에 해당한다.

2) 업무의 성격(난이도)별 분류

(1) 판단업무

판단업무는 관리업무라고도 하며, 주로 어떤 사안에 대해서 전문적 지식과 경험을 가지고 기획·조정·심사·평가·조사·의사결정 또는 통제하는 사무로서 주로 관리층에서 담당하는 업무이다.

(2) 작업업무

작업업무란 전문적인 지식 또는 능력이 요구되지 않는 업무이다. 주로 읽기·쓰기·계산·단순 반복적인 기안, 문서접수 및 발송, 정리 등 주로 육체활동을 요구하는 업무가 행하여지는 업무를 말한다.

3) 기타 업무의 종류

업무는 그 기준에 따라 여러 가지로 구분할 수 있다. 위임여부에 따라 고유업무와 위임업무, 발생빈도에 따라 일상업무와 예외업무, 업무내용 또는 업무소관에 따라 국가업무와 지방업무 등으로 나눌 수 있다.

1-3 운영의 개념과 요소

1. 운영의 개요

운영이란 어떤 목적을 달성하고자 수행하는 활동이 합리적으로 수행되도록 하는 인간의 활동을 말한다. 운영은 조직으로 하여금 능률적이고 효과적으로 목표를 달성하게 함으로써 조직을 유지, 발전시키는 데 있다. 이를 고전적 개념과 현대적 개념으로 구분하면 다음과 같다.

1) 고전적 개념

고전적 운영는 인간, 기계, 설비, 자금 등을 유용하게 활용 · 조정하여 설정된 목표를 능률적으로 달성할 수 있도록 계획(plan)하고 실행(do)하며 통제(see)하는 관리를 말한다. 즉 행정목표 달성을 위한 수단의 하나이다.

2) 현대적 개념

현대적 의미의 운영은 조직 자원을 활용하여 조직 내부의 생산목표(output)를 관리하는 고전적 개념과 국민의 만족도를 증가시키는 정책 품질관리 및 성과관리를 포함하는 총체적인 관리활동을 말한다.

2. 운영의 본질

1) 기능

운영기능은 기술(technic)이기보다 기능(skill, art)이 주된 요소이다.

2) 역할

목적이나 목표의 실현을 위한 수단과 방법을 정하는 간접적 행위로 직접 행동을 보조, 촉진하게 하고 조직화하는 역할을 한다.

3) 지표

운영의 2대 지표는 '능률화'와 '비용의 경제화(효율화)'에 있다.

3. 운영의 요소

1) 다른 사람들을 통한 업무수행

운영은 임무 성취를 위해 다른 사람 및 조직을 동원하고 이끌어간다. 즉 다른 사람들과 함께 일하고 다른 사람들을 통해서 일한다.

2) 조직목표 설정과 성취

운영의 주된 목적은 조직목표를 설정하고 이를 성취하는 것이다. 운영은 현재의 목표 성취뿐만 아니라 장래의 성취 능력 확보에도 책임을 진다.

3) 대상영역 · 활동국면

운영의 대상영역은 조직 전반에 걸친다. 조직의 성립 · 생존 · 발전에 관련된 여러 국면들이 모두 운영의 대상이 된다. 이러한 운영의 활동과정은 목표설정, 계획수립, 자원의 동원, 조직화, 집행, 환류, 통제 등으로 구분할 수 있다.

4) 복합적 과정

운영은 여러 가지 과정들을 내표하는 복합적인 과정이다. 이는 의사전달, 의사결정, 통제, 기획, 조정 등 다양한 과정들을 통해서 이루어진다.

5) 개방 체제적 교호작용

운영은 조직 내 · 외의 여러 관계와 교호작용을 한다. 즉 행정 환경과 조직 내의 하위체제간의 상호작용으로 작동하는 과정이다.

1-4 운영의 특성과 임무

1. 기본특성

① 연속성

② 향상성

③ 침투성

④ 환원성

⑤ 통일성

2. 기본임무

운영은 구체적이고, 실제적인 행동방향을 나타내는 것이다.

① 목적, 목표, 방침 및 세부 활동의 예정

② 균형 있고 조화 있는 조직의 편성 및 조직화

③ 합리적인 업무처리 절차 및 방법의 도모

④ 인간능력의 계발 및 인화도모

⑤ 제(諸) 자원의 효율적인 활용

⑥ 과학적인 수행기준 개발

⑦ 과학적인 결과측정 및 분석평가

1-5 업무운영의 개념

① 업무의 개념과 운영의 개념에 따른 복합적인 용어의 개념이다.

② 업무는 조직의 목적을 달성하기 위하여 조직원들이 맡은 업무처리 과정에서 발생하는 자료나 정보를 수집, 가공, 저장함은 물론 이를 생산, 유통, 보존하는 작업이다.

② 운영은 어떤 목적을 효율적, 능률적으로 달성하기 위하여 사용되는 하나의 유용한 수단이다.

③ 업무운영은 정보처리 활동을 효율적이고도 합리적으로 수행하기 위한 제반(諸般) 관리활동이라 할 수 있다. 즉, 업무운영이란 '사무실의 업무를 능률화, 경제화하기 위한 각종 운영활동'이다.

1. 업무운영의 능률화

1) 작업능률

작업능률은 육체적 작업이 주가 되는 능률이다.

① 작업의 용이, 작업과정의 간소화, 표준화

② 동작의 경제화

③ 업무적인 이동거리(흐름)의 최소화 / 동선

④ 업무자동화, 기계화

⑤ 각종 업무집기의 인체공학적 설계 및 배치

2) 정신능률

① 정신능률은 업무에 있어서 정신적인 요소의 최적화를 말한다.

② 정신능률을 저해하는 요인

㉠ 위험성이 수반되는 작업방법

㉡ 많은 작업이 연속되는 작업과정

㉢ 적절하지 못한 인사관리

㉣ 조직구성원 간의 불화, 비협조

㉤ 개인적 능력부족

㉥ 일반 사회생활에서 불평불만이 되는 각종 요소

3) 균형능률

균형능률은 일정한 목적을 달성하는데 필요한 수단이 적절하게 조화된 상태이다.

① 적재적소에 배치

② 능력에 적합한 업무분담

③ 피로, 과로요인의 제거 및 유휴인력의 조정

④ 공정한 업무관리(인사관리)

2. 업무비용의 경제화

업무비용의 경제화란 업무 처리에 경제원칙을 도입, 최소의 비용으로 최대의 효과를 올리도록 관리하는 것이다.

① 비용절감

② 낭비제거

1-6 행정업무의 효율적 운영

1. 행정업무 효율적 운영 개념

행정업무의 효율적 운영은 조직 목적 달성에 필요한 행정업무의 과정이 효율적으로 이뤄질 수 있도록 행하는 제반 활동을 말한다. 즉, 조직의 최종 목적을 달성하기 위하여 업무 전반을 효율적으로 개선하고 비용을 최소화하기 위한 각종 관리활동을 말한다.

2. 행정업무의 효율적 운영을 위한 관리활동

1) 업무의 간소화

불필요한 업무를 없애고, 최소한의 노력으로 최대한의 업무성과를 낼 수 있도록 하며 작업과정의 속도를 높일 수 있도록 보고·결재 단계의 축소, 전자결재의 활성화, 불필요한 보고서의 생산 지양 등을 추구한다.

2) 업무의 표준화

업무 담당자가 바뀌어도 원활하게 업무를 처리하고, 일상 업무의 대응 속도를 높힐 수 있게끔 업무 인수인계를 철저히 하며, 전자결재의 활성화, 업무 자동화를 지향한다.

3) 업무의 과학화 및 정보화

정보통신기술의 발달에 맞추어 행정업무를 보다 정확하고 빠르게 처리할 수 있도록 전자결재시스템, 지식행정 시스템, 협업시스템 등을 활용하여 정부 내 의사소통을 증진한다.

3. 행정 효율과 협업 촉진에 관한 규정의 주요 용어 정의

1) 공문서

행정기관에서 공무상 작성하거나 시행하는 문서(도면 · 사진 · 디스크 · 테이프 · 필름 · 슬라이드 · 전자문서 등의 특수매체기록을 포함)와 행정기관이 접수한 모든 문서를 말한다.

2) 전자문서

컴퓨터 등 정보처리능력을 가진 장치에 의하여 전자적인 형태로 작성되거나 송신 · 수신 또는 저장된 문서를 말한다.

3) 문서과

행정기관 내의 공문서를 분류 · 배부 · 보존하는 업무를 수행하거나 수신 · 발신하는 업무를 지원하는 등 문서에 관한 업무를 주관하는 과(課) · 담당관 등을 말한다.

4) 처리과

업무처리를 주관하는 과 · 담당관 등을 말한다.

5) 서명

기안자 · 검토자 · 협조자 · 결재권자[제10조에 따라 결재, 위임전결 또는 대결(代決)하는 자를 말함.] 또는 발신명의인이 공문서(전자문서 제외)에 자필로 자기의 성명을 다른 사람이 알아볼 수 있도록 한글로 표시하는 것을 말한다.

6) 전자이미지서명

기안자 · 검토자 · 협조자 · 결재권자 또는 발신명의인이 전자문서 상에 전자적인 이미지 형태로 된 자기의 성명을 표시하는 것을 말한다.

7) 전자문자서명

기안자 · 검토자 · 협조자 · 결재권자 또는 발신명의인이 전자문서 상에 자동 생성된 자기의 성명을 전자적인 문자 형태로 표시하는 것을 말한다.

8) 행정전자서명

기안자 · 검토자 · 협조자 · 결재권자 또는 발신명의인의 신원과 전자문서의 변경 여부를 확인할 수 있도록 그 전자문서에 첨부되거나 결합된 전자적 형태의 정보로서 「전자정부법 시행령」 제29조에 따른 인증기관으로부터 인증을 받은 것을 말한다.

9) 전자이미지관인

관인의 인영(印影)을 컴퓨터 등 정보처리능력을 가진 장치에 전자적인 이미지 형태로 입력하여 사용하는 관인을 말한다.

10) 전자문서시스템

문서의 기안 · 검토 · 협조 · 결재 · 등록 · 시행 · 분류 · 편철 · 보관 · 보존 · 이관 · 접수 · 배부 · 공람 · 검색 · 활용 등 모든 처리절차가 전자적으로 처리되는 시스템을 말한다.

11) 업무관리시스템

행정기관이 업무처리의 모든 과정을 제22조제1항에 따른 과제관리카드 및 문서관리카드 등을 이용하여 전자적으로 관리하는 시스템을 말한다.

12) 행정정보시스템

행정기관이 행정정보를 생산 · 수집 · 가공 · 저장 · 검색 · 제공 · 송신 · 수신하고 활용할 수 있도록 하드웨어 · 소프트웨어 · 데이터베이스 등을 통합한 시스템을 말한다.

13) 정보통신망

「전기통신사업법」 제2조제2호에 따른 전기통신설비를 활용하거나 전기통신설비와 컴퓨터 및 컴퓨터의 이용기술을 활용하여 정보를 수집 · 가공 · 저장 · 검색 · 송신 또는 수신하는 정보통신체제를 말한다.

14) 정책실명제

정책의 투명성과 책임성을 높이기 위하여 행정기관에서 소관 업무와 관련하여 수립 · 시행하는 주요 정책의 결정 및 집행 과정에 참여하는 관련자의 실명과 의견을 기록 · 관리하는 제도를 말한다.

제 2 장

문서관리

2-1 문서관리 개요
2-2 문서작성의 일반사항
2-3 문서의 구성체제
2-4 문서의 기안
2-5 결재
2-6 문서의 등록
2-7 문서의 시행
2-8 문서의 접수 및 처리
2-9 업무관리시스템

2-1 문서관리 개요

1. 문서의 개념

문서(文書)는 문자, 숫자, 기호 등으로 사람의 의사나 사물의 양태, 관계 등을 기록한 것을 말한다. 나아가 일반 기록물을 영구 보존하기 위하여 촬영해 놓은 도면, 사진, 디스크, 필름, 슬라이드, 전자문서 등의 특수매체 기록을 포함한다*.

2. 문서의 필요성

모든 사무는 문서에서 시작해 문서로 끝난다고 할 수 있다. 문서는 인체의 혈관처럼 사무를 수행하는 과정에서 필수적인 요소이다. 문서는 의사전달과 의사보존을 위해 필요한 것이다. 이를 구체적으로 살펴보면 다음과 같다.

① 내용이 복잡하여 문서가 없이는 당해 업무처리가 곤란할 때
② 사무처리 결과의 증빙자료로서 필요한 때
③ 사무 처리의 형식상 또는 체제상 문서의 형식이 필요한 때
④ 사무 처리에 대한 의사소통이 대화로는 불충분하여 문서에 의한 의사소통이 필요한 때
⑤ 사무 처리의 결과를 일정기간 동안 보존할 필요가 있을 때

그러나 모든 사무활동이 반드시 문서를 필요로 하는 것은 아니

* 「행정효율과 협업촉진에 관한 규정」 제3조 참조.

다. 문서유통이 지나치게 많으면 오히려 행정업무의 비효율이 초래될 수도 있다.

반면에 문서작성을 반드시 해두어야 할 사항을 귀찮다거나 고의로 회피할 경우 중요한 사항이 기록으로 남지 않아 정보축적이나 업무의 연속성이 결여되는 일이 없도록 하여야 한다.

3. 문서처리의 원칙

문서처리는 다음과 같이 효율적으로 이루어져야 한다.

1) 즉일처리의 원칙

문서의 내용, 성질에 따라 그 처리기간이나 방법이 다를 수 있으나 효율적인 업무수행을 위하여 그 날로 처리하는 것이 바람직하다.

2) 책임처리의 원칙

문서는 여러 단계를 거쳐서 처리되므로 정해진 업무분장에 따라 각자가 직무의 범위 내에서 책임을 가지고 관계 규정에 따라 신속·정확하게 처리하여야 한다.

문서시행 후 조직 내부의 다른 부서와의 의사불일치로 업무추진의 통일성, 일관성이 결여되지 않도록 하여야 한다.

3) 적법성의 원칙

문서는 법령의 규정에 따라 일정한 형식 및 요건을 갖추어야 함은 물론 권한 있는 자에 의해 작성, 처리되어야 한다.

따라서 중요한 요건을 갖추지 못함으로써 문서의 신뢰성을 저해하거나 법령위반 등의 문제가 발생하지 않도록 하여야 한다.

4. 문서의 종류

문서는 작성주체에 의한 분류, 유통 대상에 의한 분류, 성질에 의한 분류 등으로 구분할 수 있다.

1) 작성주체에 의한 분류

(1) 행정효율과 협업촉진에 관한 규정에 의한 공문서

행정효율과 협업촉진에 관한 규정 제3조에서는 "공문서라 함은 행정기관에서 작성하거나 시행하는 문서와 행정기관이 접수한 모든 문서를 말한다.*"라고 정의하고 있다.

공문서는 일반적인 문서는 물론 도면, 사진, 디스크, 테이프, 필름과 슬라이드, 전자문서** 등 특수매체기록 등도 포함된다.

국가행정 작용에 의하여 작성되고 처리되는 공문서가 유효하게 성립되기 위한 일반적 요건은 다음과 같다.

① 당해 기관의 의사표시가 명확하게 표시될 것
② 위법 · 부당하거나 시행 불가능한 사항이 없을 것
③ 당해 기관의 권한 내의 사항 중에서 작성될 것
④ 법령에 규정된 절차에 따라 형식이 정리될 것

(2) 민원처리에 관한 법률 시행령에 의한 공문서

① 출력매수의 제한 조치
② 위 · 변조방지 조치
③ 출력한 문서의 진위 확인조치
④ 그 밖에 출력한 문서의 위조 · 변조를 방지하기 위하여 행정안

* 「행정효율과 협업촉진에 관한 규정」 제3조 제1호 참조.
** 「행정효율과 협업촉진에 관한 규정」 제3조 제2호 참조.

전부 장관이 고시한 조치 등을 취하여 민원인에게 통지한 전자문서를 민원이 출력한 경우 이를 「행정효율과 협업촉진에 관한 규정」에 따른 공문서로 인정하고 있다.

예컨대 주민등록등(초)본, 병적증명서, 토지(임야)대장, 출입국사실증명, 국민기초생활수급자 증명서, 장애인 증명서, 지방세 세목별 납입증명서 등이 이에 해당한다.

(3) 법률상 공문서

가. 형법상의 공문서

형법에서 말하는 "공문서"라 함은 공무원이 그 명의로써 권한 내에서 소정의 형식에 따라 작성한 문서를 말한다.

공문서 위조·변조, 허위공문서 등의 작성 및 행사 등 공문서에 관한 죄(제225조 내지 제230조, 제235조 및 제237조)를 규정하여 공문서의 진정성(眞正性)을 보호하고 있는 데, 일반적으로 공문서에 관한 죄는 사문서에 관한 죄보다 무겁게 처벌되고 있다.

나. 민사소송법상의 공문서

민사소송법은 "문서의 방식과 취지에 의하여 공무원이 직무상 작성한 것으로 인정한 때에는 이를 진정한 공문서로 추정 한다"(제356조)라고 규정하여 공문서는 그 방식·취지에 의하여 공무원이 직무상 작성한 것으로 인정되는 때에는 진정한 공문서로 추정하여 그 증거능력을 부여하고 있다.

다. 형사소송법상의 공문서

형사소송법은 "호적의 등본 또는 초본, 공정증서등본, 기타 공무원 또는 외국 공무원의 직무상 증명할 수 있는 사항에 관하여 작성한 문서 등은 당연히 증거능력이 있는 서류(제315조)로서 증거로 할 수 있다."고 규정하고 있다.

또한 동법 제147조의 규정에 의하면 공무원 또는 공무원이었던 자를 증인으로 직무상의 비밀에 관한 사항을 심문할 경우에는 법원은 당해 관청 또는 감독관청의 승인을 얻어야 하도록 규정하고 있다.

(2) 사문서

사문서는 개인이 사적(私的)인 목적을 위하여 작성한 문서를 말한다. 법률상 사문서는 앞서 언급한 공문서 이외의 문서로 공무원이 아닌 개인이 작성한 문서를 말한다.

그러나 사문서도 각종 신청서, 증명서, 진정서 등과 같이 행정기관에 제출하여 접수가 된 것은 사문서가 아니고 공문서가 된다. 따라서 공문서에 관한 제 규정에 따라 취급되며 그 문서를 제출한 사람도 접수된 문서를 임의로 회수하여 갈 수는 없다.

2) 유통대상에 의한 분류

(1) 유통되지 않는 문서 : 내부결재문서

행정기관이 내부적으로 계획수립, 처리방침 결정, 업무부고, 소관사항 검토 등을 하기 위하여 결재를 받는 문서를 말한다. 내부적으로 결재를 받는 문서이므로 발신하지 않는다*.

(2) 유통대상 문서

가. 대내문서

대내문서란 당해 조직 내부(보조기관 또는 보좌기관)에서 지시·명령 또는 협조를 구하거나, 보고 또는 통지를 위하여 수발하는 문

---

* 박문각 행정사연구소(편), ≪행정사 사무관리론≫(서울 : 박문각, 2019), p.39.

서를 말한다. 형식과 절차에서는 대외문서에 비하여 간소하고 신속한 업무처리를 할 수 있도록 하여야 한다.

나. 대외문서

대외문서란 국민이나 단체 또는 다른 행정기관 간(소속기관 포함)에 수발하는 문서를 말한다. 대내 · 대외문서로 나누는 것은 발신명의, 형식, 처리절차 등을 달리 하여야 할 필요성이 있는데 그 이유는 대내문서에 비하여 대외문서가 효력을 발휘하거나 영향력이 미치는 정도가 다르기 때문이다.

다. 전자문서

전산망을 통해 작성 · 시행하거나 접수, 처리되는 문서를 말한다. 컴퓨터 등 정보처리능력을 가진 장치에 의하여 전자적인 형태로 작성, 송 · 수신 또는 저장된 문서를 말한다.

3) 문서의 성질에 의한 분류

행정효율과 협업촉진에 관한 규정 제4조에서는 공문서의 종류를 법규문서 · 지시문서 · 공고문서 · 비치문서 · 민원문서와 일반문서 등 6종으로 구분하고 있다.

(1) 법규문서

법규사항을 규정하는 문서로서 헌법, 법률, 대통령령, 총리령, 부령, 조례 및 규칙(이하 "법령"이라 한다) 등이 이에 해당한다.

참고로 시행령, 시행규칙, 행정규칙의 뜻을 살펴보면 다음과 같다.

가. 시행령

어떤 법률을 실제로 시행하는데 법에서 정하지 못한 상세한 세부

규정을 담은 것으로 법령에는 모든 상황을 모두 규정할 수 없으므로 큰 원칙만 정해놓고 법률에 따라서 위임하여 자세한 실천방식을 규정하는 것이다. 법률시행에 따르는 세칙이나 규정을 내용으로 하는 명령으로 시행령이란 법률의 시행을 위하여 발하는 집행명령과 법률이 특히 위임한 위임명령을 포함하며 이는 대통령령의 명령을 의미하며, 대통령의 명령은 기본법에 규정이 있어야만 가능하면 공포가 필요하다. 시행령의 주체는 국가이며 객체는 국민이다.

나. 시행규칙

법령을 시행함에 있어서 세부적 규정을 담은 법규명령으로서의 대통령령의 시행령에 관하여 실제 적용할 때 필요한 세부적인 사항을 정리해 놓은 규정이다. 시행세칙을 작성할 때에는 해당 규정에 의거하여 작성하는 것이 가장 중요하며, 해당 규정에 포괄적으로 표현한 내용을 구체적으로 어떻게 이행하여야 하는지 기재하여야 한다. 시행규칙을 작성함으로써 해당 규정에 관한 이행사항을 구체적으로 파악할 수 있으며 이를 통해 해당 규정을 정확히 진행할 수 있다.

다. 행정규칙

법규와 같이 일반 국민에 대한 관계를 규율하는 것이 아니라 행정조직 내부와 공법상의 특별권력 관계에서의 조직 활동에 대하여 행정 조직과 활동을 규율할 목적으로 발하는 추상적 명령으로 외부적인 구속력과 위법성은 없으며, 내부책임만이 문제가 된다.

국민의 권리 의무에 관한 사항을 규정할 수 없으며 법령과 상급기관의 행정규칙에 위배되지 않는 한도 내에서 규율목적에 적합하여야 한다. 행정규칙은 훈령, 고시 등으로 발하며, 공포가 필요하지 않고 상급기관에서 하급기관에 도달하면 효력이 발생한다.

행정규칙의 주체는 상위조직이고 객체는 하위조직이다.

예를 들면 경찰민원 콜센터 운영규칙 등이 있다.

(2) 지시문서

행정기관이 그 하급기관 또는 소속 공무원에 대하여 일정한 사항을 지시하는 문서로서 훈령 · 지시 · 예규 · 일일명령 등이 이에 해당한다. 지시문서는 행정법에서는 행정규칙 또는 행정명령이란 용어로 사용하고 있다.

가. 훈령

상급기관이 하급기관에 대하여 상당한 기간에 걸쳐 그 권한을 일반적으로 지시하기 위하여 발하는 명령을 말한다.

나. 지시

상급기관이 직권 또는 하급기관의 문의에 의하여 개별적 · 구체적으로 발하는 명령을 말한다.

다. 예규

행정사무의 통일을 기하기 위하여 반복적 행정사무의 처리 기준을 제시하는 법규문서의 형식을 갖춘 문서 중 앞에서 살펴본 법규문서를 제외한 문서을 말한다.

라. 일일명령

당직 · 출장 · 시간외 근무 · 휴가 등 일일업무에 관한 명령을 말한다.

(3) 공고문서

행정기관이 일정한 사항을 일반에게 알리기 위한 문서로서 고시 · 공고 등이 이에 해당한다.

① 고시 : 법령이 정하는 바에 따라 일정한 사항을 일반에게 알리는 문서로서 일단 고시된 사항은 개정이나 폐지가 없는 한 효력이 계속된다.

예를 들면, 민원처리에 관한 법률 제36조의 규정에 의한 민원처리 기준표 고시 등을 말한다.

② 공고 : 일정한 사항을 일반에게 알리는 문서로서 그 내용이 단기적이거나 일시적인 것을 말한다.

예를 들면, 행정효율과 협업촉진에 관한 규정 제39조의 규정에 따른 등록기관은 관인을 등록 또는 재등록하거나 폐기하였을 때에는 행정안전부령으로 정하는 바에 따라 그 사실을 관보에 공고하여야 한다*.

(4) 비치문서

행정기관이 일정한 사항을 기록하여 조직 내부에 비치하면서 업무에 활용하는 비치대장, 비치카드 등이 이에 해당한다.

(5) 민원문서

민원인**이 행정기관에 허가 · 인가 · 신고 · 기타 처분 등 특정한 행위를 요구하는 문서 및 이에 대한 처리문서를 말한다. 민원처리에 관한 법률 시행령 제2조의 규정에 의한 민원업무는 민원인이 행정기관에 대하여 처분 등 특정한 행위를 요구하는 것을 말하며, 그 종류는 다음과 같다.

---

* 자격시험 실시 공고도 이에 해당한다.

** 민원인 이란 행정기관에 민원을 제기하는 개인 · 법인 또는 단체를 말한다. 다만 행정기관, 행정기관과 사법(私法)상 계약관계(민원과 직접 관계된 계약관계만 해당한다)에 있는 자, 성명 · 주소 등이 불명확한 자 등 대통령령으로 정하는 자는 제외한다.

가. 일반민원

① 법정민원 : 법령 · 훈령 · 예규 · 고시 · 자치법규 등(이하 "관계 법령 등"이라 한다)에서 정한 일정 요건에 따라 인가 · 허가 · 승인 · 특허 · 면허 등을 신청하거나 장부 · 대장 등에 등록 · 등재를 신청 또는 신고하거나 특정한 사실 또는 법률관계에 관한 확인 또는 증명을 신청하는 민원

② 질의민원 : 법령 · 제도 · 절차 등 행정업무에 관하여 행정기관의 설명이나 해석을 요구하는 민원

③ 건의민원 : 행정제도 및 운영의 개선을 요구하는 민원

④ 기타민원 : 법정민원, 질의민원, 건의민원 및 고충민원 외에 행정기관에 단순한 행정절차 또는 형식요건 등에 대한 상담 · 설명을 요구하거나 일상생활에서 발생하는 불편사항에 대하여 알리는 등 행정기관에 특정한 행위를 요구하는 민원

나. 고충민원

「부패방지 및 국민권익위원회의 설치와 운영에 관한 법률」 제2조제5호에 따른 고충민원

다. 그 밖의 민원

① 복합민원 : 하나의 민원 목적을 실현하기 위해 관계 법령 등에 따라 여러 관계기관(민원과 관련된 단체, 협회 등을 포함한다) 또는 관계부서의 인가 · 허가 · 승인 · 추천 또는 확인 등을 거쳐 처리되는 법정민원을 말한다.

② 다수인 관련 민원 : 5세대(世帶) 이상의 공동이해와 관련되어 5명 이상이 연명으로 제출하는 민원을 말한다.

③ 전자민원창구 : 「전자정부법」 제9조에 따라 설치된 전자미원 창구를 말한다.

④ 무인민원발급창구 : 행정기관의 장이 행정기관 또는 공공장소 등에 설치하여 민원인이 직접 민원문서를 발급 받을 수 있도록 하는 전자 장비를 말한다.

(6) 일반문서

위 각 문서에 속하지 않는 일반적으로 처리되는 문서를 말한다. 다만, 일반문서 중 특수한 것으로 회보 및 보고서가 있다.

① 회보 : 행정기관의 장이 소속원 또는 하급기관에 업무연락·통보 등 일정한 사항을 알리기 위한 경우에 사용하는 문서를 말한다. 행정기관 단위로 회보사항을 일괄 수록하여 문서과(총무과) 등에서 발행한다.

② 보고서 : 특정 사안에 관한 현황 또는 연구·검토 결과 등을 보고하거나 건의하고자 할 때 작성하는 문서를 말한다.

4) 문서작성의 일반원칙

① 문서는 「국어기본법」 제3조 제3호에 따른 어문규범에 맞게 한글로 작성하며, 뜻을 정확하게 전달하기 위하여 필요한 경우에는 괄호 안에 한자나 그 밖의 외국어를 함께 적을 수 있으며, 특별한 사유가 없으면 가로로 쓴다.

② 문서의 내용은 간결하고 명확하게 표현하고 일반화되지 않은 약어(略語)와 전문용어 등의 사용을 피하여 이해하기 쉽게 작성하여야 한다.

③ 문서에는 음성정보나 영상정보 등이 수록되거나 연계된 바코드 등을 표기할 수 있다.

④ 문서에 쓰는 숫자는 특별한 사유가 없으면 아라비아 숫자를 쓴다.

⑤ 문서에 쓰는 날짜는 숫자로 표기하되, 연 · 월 · 일의 글자는 생략하고 그 자리에 온점을 찍어 표시하며, 시 · 분은 24시각제에 따라 숫자로 표기하되, 시 · 분의 글자는 생략하고 그 사이에 쌍점을 찍어 구분한다. 다만 특별한 사유가 있으면 다른 방법으로 표시할 수 있다.

⑥ 문서작성에 사용하는 용지는 특별한 사유가 없으면 가로 210㎜, 세로 290㎜(A4 용지)의 직사각형 용지로 한다.

5. 문서의 성립과 효력발생

1) 문서의 성립요건

① 행정기관의 적법한 권한 범위 내에서 작성하여야 한다.

② 행정기관의 의사표시가 명확하게 표현되어야 한다.

③ 위법 · 부당하거나 시행 불가능한 내용이 아니어야 한다.

④ 법령에 규정된 절차 및 형식을 갖추어야 한다.

2) 문서의 성립

다른 법령에 특별한 규정이 있는 경우를 제외하고는 당해 문서에 대한 결재권자*의 서명**(전자문자서명*** · 전자이미지서명**** 및 행

* 행정기관의 장, 위임전결규정에 의하여 행정기관의 장으로부터 결재권을 위임받은 자 및 영 제10조제3항의 규정에 의하여 대결하는 자를 말한다.

** 기안자 · 검토자 · 협조자 · 결재권자 또는 발신명의인의 공문서상에 자필로 자기의 성명을 다른 사람이 알아볼 수 있도록 한글로 표시하는 것

*** 기안자 · 검토자 · 협조자 · 결재권자 또는 발신명의인이 전자문서상에 전자적 결합으로 자동 생성된 자기의 성명을 문자 형태로 표시하는 것

**** 전자문서를 기안자 · 검토자 · 협조자 · 결재권자 또는 발신명의인이 전자문서상에 전자적인 이미지 형태로 된 자기의 성명을 표시하는 것

정전자서명*을 포함함)의 방식으로 결재함으로써 성립한다**.

이 때 결재를 할 수 있는 결재권자라 함은 행정기관의 장, 행정기관의 장으로부터 결재권을 위임받은 자 및 대결하는 자를 말한다***.

2) 효력발생

(1) 문서 효력발생에 대한 입법주의

가. 표백주의(表白主義)

문서가 성립한 때 즉, 결재로써 문서의 작성이 끝난 때에 효력이 발생한다는 견해이다. 이는 내부결재문서와 같이 상대방이 없는 문서의 경우에는 문제가 없으나, 상대방이 있는 경우에는 해당 문서의 작성에 대해 전혀 알지 못함에도 불구하고 효력이 발생하게 되어 문서발송 지연 등 발신자의 귀책사유로 인한 불이익도 감수하여야 하는 부당함이 발생한다.

나. 발신주의(發信主義)

성립한 문서가 상대방에게 발신된 때 효력이 발생한다는 견해이다. 이는 신속한 거래에 적합하며, 다수의 자에게 동일한 통지를 하여야 할 경우 획일적으로 효력이 발생한다는 장점이 있다. 그러나 문서의 효력발생 시기가 발신자의 의사에 좌우되고, 상대방이 아직 알지 못하는 상황에서 효력이 발생한다는 단점이 있다. 발신

---

* 기안자 · 검토자 · 협조자 · 결재권자 또는 발신명의인의 신원과 전자문서의 변경 여부를 확인할 수 있도록 당해 전자문서에 첨부되거나 논리적으로 결합된 전자적 형태의 정보로서 「전자 정부법 시행령」 제29조의 규정에 의한 인증기관으로부터 인증을 받은 것. 인증을 받은 행정전자서명이 있는 경우 「행정효율과 협업촉진에 관한 규정」 제3조 제5항의 규정에 의한 서명이 있는 것으로 본다.

** 「행정효율과 협업촉진에 관한 규정」 제6조 제1항 참조.

*** 「행정효율과 협업촉진에 관한 규정」 제10조 제2항 및 제3항 참조.

주의를 채택하는 예로는 「민법」 455조(승락 여부의 최고(催告), 제531조(격지자 간의 계약성립시기) 등을 들 수 있다.

다. 도달주의(到達主義)

문서가 상대방에게 도달하여야 효력이 생긴다는 견해이다. 수신주의(受信主義)라고도 한다. 도달이라 함은 문서가 상대방의 지배범위 내에 들어가 사회통념상 그 문서의 내용을 알 수 있는 상태가 되었다고 인정되는 것을 의미한다. 이는 쌍방의 이익을 가장 잘 조화시키는 견해라고 볼 수 있다. 「민법」 상의 의사표시*와 「행정효율과 협업촉진에 관한 규정」 상의 문서의 효력발생시기는 도달주의를 원칙으로 하고 있다.

라. 요지주의(了知主義)

상대방이 문서의 내용을 안 때에 효력이 발생한다는 견해이다. 이는 상대방의 부수의나 고의 능으로 인한 부지(不知)의 경우 발신자가 불이익을 감수한다는 경해이다. 이는 상대방의 부주의나 고의로 인한 부지의 경우 발신자가 불이익을 감수하여야 하는 폐단이 발생한다는 단점이 있다.

(2) 문서 효력발생시기

가. 일반 원칙

「행정효율과 협업촉진에 관한 규정」 은 문서가 수신자에게 도달(전자문서**의 경우에는 수신자가 관리하거나 지정한 전자적 시스템 등에 입력되는 것)됨으로써 효력이 발생한다고 하여 도달주의를

---

* 민법 제111조(의사표시의 효력발생시기) ① 상대방 있는 의사표시는 그 통지가 상대방에 도달한 때로부터 그 효력이 생긴다.

** 컴퓨터 등 정보처리능력을 가진 장치에 의하여 전자적인 형태로 작성, 송·수신 또는 저장된 문서

원칙으로 하고 있다.

나. 공고문서의 효력발생

① 고시 또는 공고문서 : 고시 또는 공고문서는 그 문서에서 효력발생 시기를 구체적으로 밝히고 있지 않으면 그 고시 또는 공고 등이 있는 날부터 5일이 경과한 때에 효력이 발생한다*. 다만 효력발생시기가 법령에 규정되어 있거나, 공고문서에 명시되어 있는 경우는 그에 의한다.

② 공고송달문서 : 「행정절차법」 제15조 제13항에서는 송달받을 자의 주소 등을 통상의 방법으로 확인할 수 없는 경우와 송달이 불가능한 경우에는 송달받을 자가 알기 쉽도록 관보 · 공보 · 게시판 · 일간신문 중 하나 이상에 공고하고 인테넷에도 공고하도록 하고 있으며, 다른 법령에 특별한 규정이 없으면 공고일로부터 14일이 경과한 때에 효력이 발생한다고 하였다.

2-2 문서작성의 일반사항

1. 용지의 규격

용지의 규격은 도면, 증표류 기타 특별한 형식의 문서를 제외하고는 가로 201㎜, 세로 297㎜(A4용지)로 한다. 다만, 필요한 경우에는 그 용도에 적합한 규격을 정하여 사용할 수 있다.

* 「행정효율과 협업촉진에 관한 규정」 제6조 제3항 참조.

2. 용지 및 글자의 색채

① 용지는 하양*(흰색)을 원칙으로 한다.

② 글자의 색채는 검은색 또는 푸른색으로 사용하는 것을 원칙으로 한다. 다만, 도표의 작성이나 수정 · 주의환기 등 특별한 표시를 할 때에는 다른 색을 사용할 수 있다.

3. 문서의 용어

(1) 글자

문서는 「국어기본법」 에 따른 어문 규범에 맞게 한글로 작성하되, 뜻을 정확하게 전달하기 위하여 필요한 경우에는 괄호 안에 한자(漢字)나 그 밖의 외국어를 함께 적을 수 있으며, 가로로 쓴다**.

(2) 이해하기 쉽게 작성

문서의 내용은 간결하고 명확하게 표현하고 일반화되지 않은 약어(略語)와 전문용어 등의 사용을 피하여 이해하기 쉽게 작성하여야 한다.

(3) 바코드 등의 표시

문서에는 시각장애인 등의 편의를 도모하기 위해 음성정보나 영상정보 등이 수록되거나 연계한 바코드 등을 표기할 수 있다***. 이

---

* 산업통상부 산하 국가기술표준원은 색 이름 456종중에서 색을 쉽게 유추할 수 없거나 실제 색에 부합하지 않는 172종 색 이름을 2019년3월1일부터 변경하였다. 이에 따라 흰색은 하양, 녹색은 초록, 풀색은 청포도색, 연주황은 살구색 등으로 바뀌었다. 다만 이번 색 이름 개정은 문구류 산업표준(KS) 7종에서만 우선 시행된다.

** 「행정효율과 협업촉진에 관한 규정」 제7조 제1항 참조.

*** 상기 규정 제7조 제3항 참조.

경우 바코드는 문서 상단의 '행정기관명' 표시줄의 오른쪽 끝에 2㎝ ×2㎝ 범위내에서 표기한다.

(4) 숫자

특별한 사유가 없으면 아라비아 숫자로 쓴다*.

(5) 날짜

숫자로 표기하되, 연 · 월 · 일의 글자를 생략하고 그 자리에 온점을 찍어 표시한다.

(6) 시간

시 · 분은 24시각제에 따라 숫자로 표기하되, 시 · 분의 글자는 생략하고 그 사이에 쌍점(:)을 찍어 구분한다**.

(7) 금액

금액을 표시할 때에는 아라비아 숫자로 쓰되, 숫자 다음에 괄호를 하고 한글로 기재한다***.

<예시> 금 157,900원(금일십오만칠천구백원)

※ 다른 법령에 표시방법이 따로 있는 경우 그 법령에 따른다.

글자의 색채는 검은색 또는 푸른색으로 사용하는 것을 원칙으로 한다. 다만, 도표의 작성이나 수정 · 주의환기 등 특별한 표시를 할 때에는 다른 색을 사용할 수 있다.

* 상기 규정 제7조 제4항 참조.

** 상기 규정 제7조 제5항 참조.

*** 「행정효율과 협업촉진에 관한 규정」 시행규칙 제2조 제2항 참조.

4. 문서의 쪽 표시*

(1) 쪽 번호 등의 개념

2장 이상으로 이루어진 중요 문서의 앞장과 뒷장의 순서를 명백히 하기 위해 매기는 번호를 말한다.

(2) 대상문서

① 문서의 순서 또는 연결 관계를 명백히 할 필요가 있는 문서
② 사실관계나 법률관계의 증명에 관계되는 문서
③ 허가 · 인가 및 등록 등에 관계되는 문서

2장 이상으로 이루어진 상기 문서는 쪽 번호 또는 발급번호를 표시하거나 간인(間印) 등을 하여야 한다.

(3) 표시방법

① 전자문서인 경우 : 행정안전부령으로 정하는 바에 따라 전자적 방법으로 쪽 번호 또는 발급번호를 표시한다.

가. 쪽 번호 : 각종 증명발급 문서 외의 문서에 표시
중앙 하단에 일련번호를 표시하되, 문서의 순서 또는 연관관계를 명백히 할 필요가 있는 중요문서에는 해당 문서의 전체 쪽수와 그 쪽의 일련번호를 붙임표(-)로 이어 표시한다.

<예시> | 1,2,3,4 또는 5-1, 5-2, 5-3으로 표시 |

* 「행정효율과 협업촉진에 관한 규정」 제19조 및 규칙 제18조 참조.

나. 발급번호 : 각종 증명 발급문서의 왼쪽 하단에 표시

<예시> | 단말번호 - 출력년월일 / 시 · 분 · 초 - 발급일련번호 - 쪽번호 |

② 종이문서인 경우 : 관인 관리자가 관인을 이용하여 간인 천공한다. 다만, 민원서류나 그 밖에 필요하다고 인정하는 종이문서에는 간인을 갈음하여 천공(穿孔)방식으로 표시할 수 있다(참고 : 문서철의 쪽 번호 표시).

- 해당 문서철의 우측 하단에 첫 쪽부터 시작하여 일련번호로 쪽수 부여 및 표기
- 표지와 색인목록은 쪽수 부여 및 표기 대상에서 제외
- 동일한 문서철을 2권 이상으로 나누어 편철할 경우, 2권 이하의 문서철별 쪽수는 전 권 마지막 쪽수 다음의 일련번호로 시작
- 연필로 먼저 표시한 후 기록물 정리가 끝나면 잉크 등으로 표시

5. 결재 받은 문서의 수정*

결재를 받은 문서의 일부분을 삭제하거나 수정할 때에는 재작성하여 결재를 받아야 한다. 다만, 종이문서의 경우로서 삭제하거나 수정하려는 사항이 명백한 오류의 경정 등 경미한 사항인 경우에는 행정안전부령으로 정하는 바에 따라 삭제하거나 수정할 수 있다.

* 「행정효율과 협업촉진에 관한 규정」 제17조 참조.

6. 항목의 구분

1) 항목의 표시

문서의 내용을 2 이상의 항목으로 구분하여 작성하고자 할 때에는 다음과 같이 나누어 표시한다. 다만, 기안문 작성 시에 하나의 항목만 있을 경우에는 항목구분을 생략한다.

구 분	항목부서
첫째 항목	1., 2., 3., 4 · · · · · · · · · · · · ·
둘째 항목	가., 나., 다., 라 · · · · · · · · · · ·
셋째 항목	1), 2), 3), 4) · · · · · · · · · · · · ·
넷째 항목	가), 나), 다), 라) · · · · · · · · · · ·
다섯째 항목	(1), (2), (3), (4) · · · · · · · · · · · ·
여섯째 항목	(가), (나), (다), (라) · · · · · · · · · ·
일곱째 항목	①, ②, ③, ④ · · · · · · · · · · · ·
여덟째 항목	㉮, ㉯, ㉰, ㉱ · · · · · · · · · · · ·

※ 부분적으로 필요한 경우에는 □, ○, −, · 등과 같은 특수한 기호로 표시할 수 있다.

※ 둘째, 넷째, 여섯째, 여덟째 항목의 경우에 하. **하), (하),** ㉻ 이상 더 계속되는 때에는 거., **거), (거),** ㉮ , 너., **너), (너),** ㉯ ...로 이어 표시한다.

2) 각 항목의 표시위치 및 띄우기

① 첫째 항목부호는 제목의 첫 글자와 같은 위치에서 시작한다.

② 둘째 항목부터는 바로 앞 항목의 위치로부터 1자(2타)씩 오른쪽으로 옮겨 시작한다.

③ 항목부호와 그 항목의 내용 사이에는 1타를 띄운다.

<예시>

수신×ㅇㅇㅇ장관
참조×ㅇㅇㅇ국장
제목×행정효율

1.*첫째 항목 ㅇㅇㅇㅇㅇㅇㅇㅇㅇㅇㅇ
×가.*둘째 항목 ㅇㅇㅇㅇㅇㅇㅇㅇㅇㅇㅇ
××1)*셋째 항목 ㅇㅇㅇㅇㅇㅇㅇㅇㅇㅇㅇ
×××가)*넷째 항목 ㅇㅇㅇㅇㅇㅇㅇㅇㅇㅇㅇ
××××(1)*다섯째 항목 ㅇㅇㅇㅇㅇㅇㅇㅇㅇㅇㅇ
×××××(가)*여섯째 항목 ㅇㅇㅇㅇㅇㅇㅇㅇㅇㅇㅇ

※ ×표시는 한글 1자(2타), *표시는 숫자 1자(1타)를 띄움

3) 하나의 본문 아래 항목 구분

<예시>

수신×ㅇㅇㅇ장관
참조×ㅇㅇㅇ국장
제목×협업촉진교육실시

×××행정효율 및 협업촉진교육을 다음과 같이 실시하오니 참석하여 주시기 바랍니다.
×××1.*일시 : ㅇㅇㅇㅇㅇ
×××2.*장소 : ㅇㅇㅇㅇㅇ
×××3.*참석대상 : ㅇㅇㅇㅇㅇ.×끝.

7. 문서에 로고 · 상징 · 마크 또는 홍보문구 등 표시

기안문 및 시행문에는 가능한 한 행정기관의 로고 · 상징 · 마크 또는 홍보문구 등을 표시하여 행정기관의 이미지를 높일 수 있도록 하여야 한다*.

* 「행정효율과 협업촉진에 관한 규정」 제28조 및 시행규칙 제4조 제2항 참조.

로고(상징)는 문서 상단의 "행정기관명" 표시줄의 왼쪽 끝에 2㎝×2㎝ 범위 내에서 표시하고, 홍보문구는 행정기관명 바로 위에 표시한다.

2-3 문서의 구성체제

- 문서의 구성
  - 두문
    - 행정기관명
    - 수신
    - (경유)
  - 본문
    - 제목
    - 내용
    - 붙임
  - 결문
    - 발신명의
    - 기안자 · 검토자 · 협조자 · 결재권자의 직위 또는 직급 및 서명
    - 생산등록번호와 시행일자
    - 접수등록번호와 접수일자
    - 행정기관의 우편번호 · 주소 · 홈페이지주소 · 전화번호 · 모사전송번호
    - 공무원의 공식 전자우편주소
    - 공개구분

1. 두문

1) 행정기관명의 표시

문서를 기안한 부서가 속한 행정기관의 명칭을 표시하되, 다른

행정기관과 명칭이 동일한 경우에는 바로 위 상급기관 명칭을 함께 표시할 수 있다.

<예시> 강동구 : 서울특별시 강동구

<예시> 광주시 : 경기도 광주시

2) 수신자의 표시

수신자가 없는 내부결재문서의 수신란에는 '내부결재'로 표시 한다.

<예시> 예 시 : 수신자 내부결재

문서의 두문 중 수신자란의 표시방법은 다음과 같다.

① 독임제기관의 장 또는 합의제기관의 장의 권한인 경우에는 수신자란에 당해 기관의 장의 직위(수신명)를 쓰고, 그 다음에 이어서 (　) 안에는 처리할 보조기관 또는 보좌기관의 직위를 쓴다. 다만, 보조기관이나 보좌기관의 직위가 분명하지 않는 경우에는 ㅇㅇ업무담당과장 등으로 표시한다.

<예시>

(1) 수신 행정안전부장관(ㅇㅇ과장), 문화체육관광부장관(ㅇㅇ과장)
(2) 수신 중앙인사위원회위원장(ㅇㅇ과장), 행정안전부장관(ㅇㅇ과장)
(3) 수신 정부혁신 · 지방분권위원회위원장(ㅇㅇ과장)
(4) 수신 가49(정보공개업무담당과장), 가52(정보공개업무담당과장),

② 합의제기관의 권한에 관한 사항의 경우에는 수신자란에 해당 기관의 명칭을 표시한다.

<예시>

(1) 수신 중앙인사위원회(ㅇㅇ과장), 금융감독위원회(00과장) (2) 수신 정부혁신 · 지방분권위원회(ㅇㅇ과장) (3) 수신 국가균형발전위원회(ㅇㅇ과장)

③ 민원회신문서에는 수신자란에 먼저 민원인의 성명을 쓰고(예 김평화 귀하), 이어서 (　) 안에는 우편번호와 도로명 주소를 쓴다. 전자문서 시스템에서 우편번호는 검색이 용이하도록 하여야 한다.

<예시>

수신 김 평화 귀하(우12345 서울특별시 동작구 사당로9가길 6(사당동)

④ 수신자가 많아 본문의 내용을 기재할 란이 줄어들어 본문의 내용을 첫 장에서 파악하기 곤란한 경우에는 두문의 수신자란에 "수신자 참조"라고 쓰고, 결문의 발신명의 밑의 왼쪽 기본선에 맞추어 수신자란을 설치하여 수신자명을 표시한다.

<예시>

* (두문) 수신자 수신자 참조 (문서관리업무담당과장) (결문) 수신자 가, 나, 다, 라, 마, 농림축산부장관, 국회사무처장, ---

4. 본문

1) 제목의 표시

제목은 그 문서의 내용을 함축하여 나타내는 문구로서 문서의 내용을 쉽게 알 수 있도록 쉬운 말로 간단하고 명확하게 표시한다.

2) 붙임물(첨부물)의 표시

① 본문의 내용이 끝난 다음 줄에 "붙임"의 표시한다.

② 붙임물이 두 가지 이상인 때에는 항목을 구분하여 표시한다.

<예시>

(본문) -- 하시기 바랍니다. 붙임×1.*ㅇㅇㅇ계획서 1부. 2.*ㅇㅇㅇ서류 1부.×끝.

〈참고 : 기안문에 첨부(붙임)되는 계산서 · 통계표 · 도표 등 작성상의 책임을 밝힐 필요가 있다고 인정되는 첨부물에는 그 여백에 작성자를 표시하여야 한다.*〉

3) 문서의 '끝' 표시

① 본문이 끝났을 경우 : 1자(2타) 띄우고 "끝"자를 쓴다.

<예시>

---- 주시기 바랍니다.×끝.

※ ×는 1자(2타) 표시이다.

② 붙임물이 있는 경우 : 붙임의 표시를 한 다음에 1자(2타)를 띄우고 "끝"자를 쓴다.

<예시>

붙임 1. 서식승인 목록 1부. 2. 승인서식 2부.×끝.

③ 본문 또는 붙임의 표시문이 오른쪽 한계선에서 끝났을 경우 다음 줄의 왼쪽 기본선에서 1자를 띄우고 "끝"자를 표시한다.

* 「행정효율과 협업촉진에 관한 규정」 시행규칙 제6조 제2항 참조.

<예시>

붙임 -------------------- 1부.×끝.

④ 본문이 연명부 등 표로 끝나는 경우

- 기재사항이 서식의 중간에서 끝나는 경우 : 기재사항의 마지막 다음 줄에 "이하빈칸"이라고 표시한다.

응시번호	성 명	주민등록번호	주 소
10	김평화	960223-1120813	동작구 사당로9가길 6
33	이통일	010408-3020813	광주시 경충대로 26
		이 하 빈 칸	

- 기재사항이 서식의 마지막 칸까지 작성되는 경우 : 서식의 칸 밖 다음 줄의 왼쪽 기본선에서 1자를 띄우고 "끝"자를 표시한다.

응시번호	성 명	주민등록번호	주 소
10	김평화	960223-1120813	동작구 사당로9가길 6
33	이통일	010415-4020813	광주시 경충대로 26

⑤ 전자문서의 일괄기안의 경우 : 각 안마다 위의 요령에 따라 표시한다.

5. 결문

1) 발신명의의 표시

① 행정기관의 장의 권한인 경우 해당 행정기관의 장의 명의로 발신한다.

<예시> ○○○장관, ○○시장, ○○군수, ○○위원장 등

② 합의제기관의 권한에 속하는 사항은 그 합의제기관의 명의로 발신한다.

<예시> ○○위원회

③ 법령에 의하여 행정권한이 위임·위탁된 경우에는 그 위임 또는 위탁을 받은 자(수임자 또는 수탁자)의 명의로 발신한다[*].

④ 행정기관 내 보조기관 및 보좌기관 상호간에 발신하는 문서는 당해 보조기관 또는 보좌기관의 명의로 발신한다[**].

<예시> ○○과장, ○○실장, ○○담당관 등

⑤ 내부결재 문서는 발신명의를 표시하지 아니한다[***].

2) 권한 대행 또는 직무대리의 표시

① 행정기관의 장의 권한을 대행하거나 직무를 대리하는 사람이 발신명의와 함께 본인의 성명을 적는 경우에는 그 직위를 적고, '권한대행' 또는 '직무대리'의 표시를 하고, 그 직위를 적어야 한다[****].

---

* 「행정효율과 협업촉진에 관한 규정」 제5조 및 제13조 제1항 참조.

** 「행정효율과 협업촉진에 관한 규정」 제13조 제2항 참조.

*** 「행정효율과 협업촉진에 관한 규정」 제13조 제3항 참조.

**** 「행정효율과 협업촉진에 관한 규정」 시행규칙 제10조 참조.

<예시>

농림축산식품부장관 직무대리 제2차관 000

② 보조기관이나 보좌기관의 직무를 대리하는 사람이 발신명의에 서명(전자이미지 서명, 전자문서서명 포함)을 하는 경우 서명 앞에 '직무대리'의 표시를 하여야 한다.*

3) 기안자, 검토자, 협조자, 결재권자의 직위 또는 직급과 서명

① 기안자는 기안문의 기안자란, 검토 및 협조자는 검토자 또는 협조자란, 결재권자는 결재자란에 직위 또는 직급을 쓰고 서명란에 서명한다.** 이 경우 기안자 및 검토자, 결재권자의 용어는 표시하지 않는다.

② 직위가 있으면 그 직위를 온전하게 쓰되, 기관장과 부기관장의 직위는 간략하게 쓸 수 있다.

③ 직위가 없으면 직급을 온전하게 쓰되, 6급 이하 공무원의 직급은 각급 행정기관의 직급을 대신하여 대외적으로 사용하도록 정한 대외직명을 적을 수도 있다.

④ 서명은 기안자, 검토자, 협조자, 결재권자가 자기의 성명을 다른 사람이 알아볼 수 있도록 한글로 쓰거나 전자이미지서명 또는 전자문서서명을 전자적으로 표시한다.

4) 생산등록번호(시행일) 및 접수등록번호(접수일)

①「공공기록물 관리에 관한 법률 시행령」 제20조에 따른 생산등록번호 또는 접수등록번호를 업무관리시스템이나 전자

* 「행정효율과 협업촉진에 관한 규정」 시행규칙 제11조 참조.

** 「행정효율과 협업촉진에 관한 규정」 시행규칙 제4조 제6항 참조.

문서시스템에 의하여 전자적으로 표시한다.

② 문서의 생산 또는 접수등록번호를 표시하는 때에는 처리과명과 연도별 일련번호를 붙임표(-)로 이어 쓰되, 처리과가 없는 행정기관인 경우 행정기관명 또는 10자이내의 행정기관명 약칭을 쓴다.*

③ 민원문서로서 필요한 경우 시행일과 접수일란에 시 · 분까지 기재한다.

5) 우편번호, 도로명 주소, 홈페이지 주소, 전화번호, 팩스번호, 공무원의 전자우편주소와 공개구분

① 우편번호 · 도로명 주소 : 우편번호를 기재한 다음, 행정기관이 위치한 도로명 및 건물번호 등을 기재하고 괄호안에 건물명칭과 사무실이 위치한 층수와 호수를 기재한다.

② 공무원의 전자우편 주소 : 행정기관이 공무원에게 부여한 전자우편주소를 쓴다.

③ 공개구분 : 공개, 부분공개, 비공개로 구분하여 표시하되, 부분공개 또는 비공개인 경우에는 「공공기록물 관리에 관한 법률 시행규칙」에 따라 표시하고, 「공공기관의 정보공개에 관한 법률」 제9조 제1항 각호의 해당호수를 괄호 안에 표시한다.

---

* 「공공기록물 관리에 관한 법률 시행규칙」 제5조 제3항 참조.

2-4 문서의 기안

1. 기안의 일반사항

1) 기안의 의의

기안이라 함은 행정기관의 의사를 결정하기 위하여 문안을 작성하는 것을 말한다. 기안에는 기안문 서식을 사용하는 ① 일반기안 ② 간이기안 ③ 일괄기안(전자문서에 한함) ④ 공동기안과 기안문 서식을 사용하지 아니하는 ⑤ 수정기안 ⑥ 서식에 의한 처리 등이 있다.

2) 기안자의 자격

기안자의 범위에 관하여는 아무런 제한이 없다. 즉 행정효율과 협업촉진에 관한 규정 제8조의 규정에 의하여 분장 받은 업무에 대하여 그 업무를 담당하는 자는 직급 등에 관계없이 기안할 수 있다. 다만, 접수문서를 공람하는 결재권자는 동 규정 제18조제5항의 규정에 의하여 문서의 처리기한과 처리방법을 지시할 수 있으며, 필요하면 조직관계 법령 또는 제60조에 따라 업무 분장된 담당자 외에 그 문서의 처리담당자를 따로 지정할 수 있다.

3) 기안의 요인(원인)

①기안은 접수한 문서를 처리하기 위한 경우
② 상급자의 지시사항을 처리하기 위한 경우
③ 법령이나 훈령 · 예규 등의 근거에 의하여 하는 경우
③ 순수한 자기발안의 경우

4) 기안의 원칙

문서의 기안은 전자문서로 함을 원칙으로 한다. 다만, 업무의 성질상 전자문서로 기안하기 곤란하거나 그 밖의 특별한 사정이 있으면 그러하지 아니하다.*

5) 기안문의 구성**

문서의 기안은 행정안전부령으로 정하는 기안문으로 하여야 한다. 다만, 관계 서식이 따로 있는 경우에는 그 내용을 관계 서식에 기입하는 방법으로 할 수 있다. 이 경우 기안문은 별지 제1호 서식이나 별지 제2호 서식에 따라 작성한다.

다만, 대통령 또는 국무총리의 결재를 받아야 하는 문서의 기안은 별지 제3호 서식이나 별지 제4호 서식에 따른 기안문으로 하되, 특별한 결재 절차에 사용하는 기안문은 따로 정하여 사용할 수 있다.

별지 제2호 서식과 별지 제4호 서식은 보고서, 계획서, 검토서 등 발신할 필요가 없는 내부결재문서로만 사용한다.

6) 기안문상 발의자 및 보고자 표시

(1) 발의자 및 보고자

기안문에는 발의자와 보고자를 알 수 있도록 표시하여야 한다. 여기서 발의자란 기안하도록 지시한 자 또는 지시자가 없는 경우 스스로 입안한 자를 말하며, 보고자란 결재권자에게 직접 보고하는 자를 말한다. 다만 다음 각 호의 문서에는 발의자와 보고자의 표시를 생략할 수 있다.

---

* 「행정효율과 협업촉진에 관한 규정」 제8조 제1항 참조.

** 「행정효율과 협업촉진에 관한 규정」 제8조 제2항 참조.

① 검토 및 결정을 요하지 아니하는 문서
② 각종 증명 발급, 회의록, 그 밖의 단순사실을 기록한 문서
③ 일상적 · 반복적인 업무로서 경미한 사항에 관한 문서

(2) 발의자 및 보고자의 표시위치 및 기호

① 기안문에는 행정효율과 협업촉진에 관한 규정 제8조 제4항에 따라 발의자와 보고자의 직위나 직급의 앞 또는 위에 발의자는 ★표시로, 보고자의 표시기호는 ⊙표시로 한다. 그리고 발의자와 보고자가 동일인인 경우에는 ★, ⊙를 함께 표시한다.
② 기안문에 첨부되는 계산서 · 통계표 · 도표 등 작성상의 책임을 밝힐 필요가 있다고 인정되는 첨부물에는 작성자를 표시하여야 한다.
③ 기안자, 검도자나 협조자가 행정효율과 협업촉진에 관한 규정 제9조제3항 또는 제4항에 따라 다른 의견을 표시하는 경우에는 직위나 직급 다음에 "(의견 있음)"이라고 표시하여야 한다.

(3) 전자문서인 경우에 발의자의 표시방법

전자문서인 경우에는 발의자는 해당란에 ★표시를 하거나 발의자가 누구인지를 검색할 수 있도록 기안자 · 검토자 또는 결재권자의 직위 또는 직급 란에 발의자 항목을 추가할 수 있다. 특히 발의자의 표시가 전자문서 시스템에서 검색이 가능하도록 발의자의 표시를 하거나 발의자 항목을 추가하여야 한다.

(4) 전자문서의 보고자 표시

전자문서로 결재하거나 결재권자에게 직접 보고하지 아니하는 경우에는 보고자 표시를 생략한다.

7) 기안문 작성 시 유의사항

(1) 정확성(바른 글)

① 6하 원칙에 의하여 작성하여야 하며, 오·탈자나 계수 착오가 없도록 한다.

② 필요한 내용을 빠뜨리지 않고, 잘못 된 표현이 없도록 작성한다.

③ 의미전달에 혼돈이 일어나지 않도록 정확한 용어를 사용하고, 문법에 맞게 문장을 구성한다.

④ 애매모호하거나 과장된 표현에 의하여 사실이 왜곡되지 않도록 한다.

<애매한 문장의 사례>

『광복절기념행사에 직원 2명을 참석하도록 하시기 바랍니다.』

<의문사항>

• 직원 2명의 성별 및 직급 불분명 • 각과에서 2명인지, 국 또는 부 전체에서 2명인지 불분명 • 직원 2명이 참석자인지, 행사지원요원인지 불분명

(2) 신속성(이해가 빠른 글)

① 문장은 짧게 끊어서 개조식으로 쓰며, 항목별로 표현한다.

② 가급적이면 먼저 결론을 쓰고 그 다음에 이유 또는 설명을 쓴다.

(3) 용이성(쉬운 글)

① 읽기 쉽고 알기 쉬운 말을 쓰며, 한자나 어려운 전문용어는 피한다. 다만, 한자 또는 전문용어를 쓸 필요가 있을 때에는 (　　)를 하여 한자를 쓰거나 용어의 해설을 붙인다.

② 받는 사람의 이해력과 독해력을 고려하여 작성하여야 하며,

다루기 쉽게 1건 1매주의(1매 BEST)로 한다.

③ 추상적이고 일반적인 용어보다는 구체적이고 개별적인 용어를 쓴다.

(4) 경제성(효율성이 있는 글)

① 일상 반복적인 업무는 표준 기안문을 활용한다.

② 용지의 규격 · 지질을 표준화한다.

③ 서식을 통일한다.

④ 문자를 부호화하여 활용한다. 즉, 지속적이고 자주 사용되는 문자는 부호화하여 활용한다.

(5) 성실성(호감이 가는 글)

① 성의있고 진실하게 작성한다.

② 직질한 경어를 사용한다.

③ 감정적 · 위압적인 과격하거나 과장된 표현을 쓰지 않는다.

2. 기안문의 검토 및 협조

1) 검토 절차

기안자는 기안문에 대한 형식 · 내용을 확인한 후 결재권자의 결재를 받기 전에 보조기관 또는 보좌기관의 검토를 받는다. 다만, 보조기관 또는 보좌기관이 출장 등의 사유로 검토할 수 없는 등 부득이한 경우에는 검토를 생략할 수 있으며, 이 경우 검토자의 서명란에 출장 등의 사유를 적어야 한다.*

* 「행정효율과 협업촉진에 관한 규정」 제9조 제1항 참조.

(1) 업무분담자가 기안하는 경우

① 총괄책임자*의 검토를 거친 후 보조기관 또는 보좌기관의 검토·결재 등을 받아야 한다.

② 업무분담자**는 기안자란에, 총괄책임자는 검토자란에 서명한다. 기안자 및 검토자란 용어는 생략하며, 협조자란 용어는 표시한다. 〈예시〉는 다음과 같다.

<예시>

주무관 **이을순** 행정사무관 **김갑돌** 행정능률과장 **권평화** 행정관리국장 **전결** 10/20 **권평화** 협조자 행정제도과장 **김놀자**

(2) 총괄책임자가 기안하는 경우

① 업무분담자의 의견을 들은 후 보조기관 또는 보좌기관의 검토·결재 등을 받아야 한다.

② 총괄책임자는 기안자란에, 업무분담자는 검토자란에 서명한다***. 기안자 및 검토자란 용어는 생략하며, 협조자란 용어는 표시한다. 〈예시〉는 다음과 같다.

<예시>

행정사무관 **김평화** 행정주사 **박경찰** 행정능률과장 **김삿갓** 행정관리국장 **전결** 10/20 **김삿갓** 협조자 행정제도과장 **김제도**

---

* 총괄책임자는 업무분장 상 수 개의 업무단위를 총괄하는(직제 상 직위가 없는 자임)를 말한다.

** 업무분담자는 업무분장에 의하여 직접 업무를 담당하는 자를 말한다. 업무분장을 보조(좌)기관이 아닌 자(직위가 없는 자)에게 각각 분장한 경우에는 모두가 업무분담자이며(담당자, 실무자, 담당 등), 이 경우 총괄책임자라는 용어는 사용하지 않는다.

*** 총괄책임자와 업무분담자의 직급은 온전하게 쓴다.

(3) 출장 등의 사유로 검토를 받을 수 없는 경우

보조기관, 보좌기관 및 총괄책임자의 출장 등의 사유로 검토를 할 수 없는 경우 검토를 생략하되, 검토자의 서명란에 출장 등의 사유를 명시하여야 한다.*

<예시>

주무관 **김삿갓**　행정사무관 **김갑순**　행정능률과장 **김홍도**
행정관리국장 **전결**　10/20 **김홍도**　협조자 민원협력과장 **김갑돌**

2) 기관의 협조와 절차

<기안문의 검토 및 협조절차>

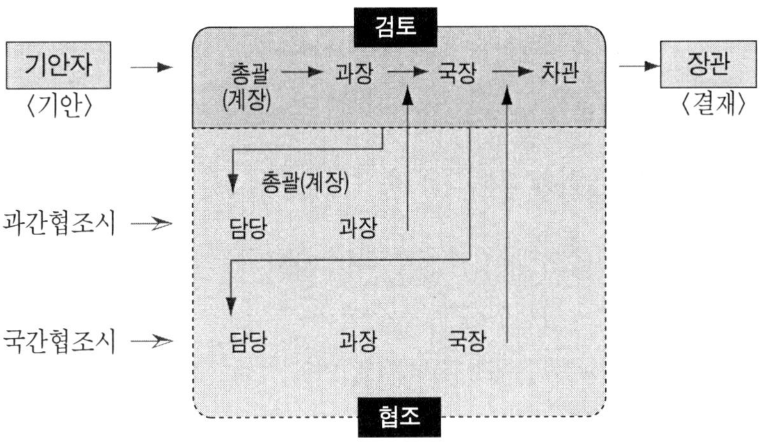

① 기안문의 내용이 다른 보조기관 또는 보좌기관이나 다른 행정기관의 업무와 관련이 있는 때에는 그 기관의 협조를 받는다.

② 기안문의 검토 및 협조의 일반적인 절차는 첫째, 기안부서의 총괄(계장) ⇒ 협조부서의 총괄(계장) ⇒ 기안부서의 과장 ⇒ 협조부서의 과장의 순서로 협조를 거쳐 국장의 결재

* 「행정효율과 협업촉진에 관한 규정 시행규칙」 제6조 제4항 참조.

를 받거나 둘째, 기안부서의 총괄(계장), 과장 ⇒ 협조부서의 총괄(계장), 과장의 순서로 협조를 거쳐 국장의 결재를 받는 것이다.

3) 다른 의견의 표시

기안문을 검토 또는 협조한 자가 다른 의견을 표시한 때에는 당해 문서 본문의 마지막 또는 별지에 그 의견을 표시하여 결재권자가 결재를 함에 있어 또는 향후 그 업무를 담당하는 자로 하여금 참고하도록 한다. 표시방법은 해당 직위 또는 직급 다음에 "(의견있음)"이라고 표시하고 해당 서명란에 서명하여야 한다. 다만, 전자기안문(별지 제3호의2 서식)인 경우에는 다른 의견을 표제부에 표시한다.

4) 검토자의 검토사항

(1) 형식적 측면

① 법령의 형식요건을 구비하고 있는가?
② 소관사항임에 틀림없는가?
③ 업무 절차가 정상적인가?
④ 협조부서의 합의는 거쳤는가?
⑤ 결재권자의 표시는 적정한가?
⑥ 수신자 및 발신자 등의 표시는 착오가 없는가?

(2) 내용적 측면

가. 법률적 검토

① 허가 · 인가 · 승인 등의 경우 그에 대한 법정요건을 충족하고 있는가?

② 의결기관의 의결사항은 인가? 또는 의결을 거쳤는가?

③ 소정의 경유기관은 거쳤는가?

④ 법정의 기한, 조건 등이 있는가? 또는 그 기한, 조건 등을 충족하고 있는가?

⑤ 시효와의 관계는 어떤가?

⑥ 법령 · 예규 · 지시 등에 위배되지 않는가?

나. 행정적 검토

① 공공복지와의 관계는 어떤가?

② 재량의 적부범위는 적합한가?

③ 여론에 대한 영향은 어떤가?

④ 관례나 선례는 어떻게 되어 있는가?

⑤ 처리는 지연되지 아니 하였는가?

⑥ 경과조치가 필요한 사항이 아닌가?

⑦ 필요한 사항이 빠져 있지 않은가?

다. 경제적 검토

① 과다한 비용투입을 요하는 사항이 아닌가?

② 예산상의 조치가 필요한 것인가?

③ 비용 절감할 수 있는 다른 방안은 없는가?

3. 기안의 방법

1) 일반기안

일반기안이라 함은 어떤 하나의 안건을 처리하기 위하여 정해진 기안문에 기안을 작성하는 것을 말한다. 기안문의 서식 예는 다음과 같다.

(1) 일반기안문

희망찬 대한민국, 바로 가는 공정사회

로고 **행 정 기 관 명**

수신자 : 수신자명, 수신자기호 (처리할 자의 직위)
(경유)
제목 :

발 신 명 의 ㊞

기안자(직위/직급)서명 검토자(직위/직급)서명 결재권자(직위/직급) 서명
협조자(직위/직급)서명
시행 처리과명-일련번호(시행일자) 접수 처리과명-일련번호(접수일자)
우 주소 / 홈페이지 주소
전화 ( ) 전송 ( ) / 공무원의 공식 전자우편주소/공개구분
공개, 부분공개, 비공개

〈처리요령〉

(이 란은 서식에 포함하지 아니함)

1. 행정기관명 : 그 문서를 기안한 부서가 속한 행정기관명을 기재한다.
2. 수신 ( ) : 수신자명 또는 수신자기호를 먼저 쓰고, 이어서 괄호 안에는 처리할 자(보조기관 또는 보좌기관을 말한다)의 직위를 쓰되, 처리할 자의 직위가 분명하지 아니한 경우에는 ○○업무담당과장 등으로 쓰며, 수신자가 많아 본문의 내용을 기재할 란이 줄어들어 본문의 내용을 첫 장에서 파악하기 곤란한 경우는 두문의 수신자란에 "수신자 참조"라고 쓰고, 결문의 발신명의 밑의 왼쪽 기본선에 맞추어 수신자란을 설치하여 수신자명 또는 수신자기호를 표시한다.
3. (경유) : 경유문서인 경우에 (경우)란에 "이 문서는 경유기관의 장은 ○○○(또는 제1차 경유기관의 장은 ○○○, 제2차 경유기관의 장은 ○○○)이고, 최종 수신기관의 장은 ○○○입니다."라고 표시하고, 경유기관의 장은 제목란에 "경유문서의 이송"이라고 표시하여 순차적으로 이송하여야 한다.
4. 제목 : 그 문서의 내용을 쉽게 알 수 있도록 간단하고, 명확하게 기재한다.
5. 발신명의 : 합의제 행정기관 또는 행정기관의 장의 명의를 기재하고, 보조기관 또는 보좌기관 상호 간에 발신하는 문서는 그 보조기관 또는 보조기관의 명의를 기재한다.
6. 기안자・검토자・협조자・결재권자의 직위/직급 : 직위가 있는 경우에는 직위를 온전하게 쓰고, 직위가 없는 경우에는 직급을 온전하게 쓴다. 다만, 기관장과 부기관장의 직위는 간략하게 쓴다.
7. 시행 처리과명-일련번호(시행일자) 접수 처리과명-일련번호(접수일자) : 처리과명(처리과가 없는 행정기관은 10자 이내의 행정기관의 약칭)을 기재하고, 일련번호는 연도별 일련번호를 기재하며, 시행일자와 접수일자란에는 연월일을 각각 온점(.)을 찍어 숫자로 기재한다. 다만, 민원문서인 경우로서 필요한 경우에는 시행일자와 접수일자란에 시・분까지 기재한다.
8. 우 도로명 주소 : 우편주소를 기재한 다음, 행정기관이 위치한 도로명 및 건물번호 다음에 괄호하여 주소를 기재하고, 사무실이 위치한 층수와 호수를 괄호안에 기재한다.
   (예) 우110 034 서울특별시 종로구 효자로 39(창성동 117) (2층 208호)
9. 홈페이지 주소 : 행정기관의 홈페이지 주소를 기재한다. (예) www.mogaha.go.kr
10. 전화( ) 팩스번호( ) : 전화번호와 팩스번호를 각각 기재하되, ( )안에는 지역번호를 기재한다. 기관 내부문서의 경우는 구내 전화번호를 기재한다.
11. 공무원의 공식 전자우편주소 : 행정기관에서 공무원에게 부여한 전자우편주소를 기재한다.
12. 공개구분 : 공개・부분공개・비공개로 구분하여 표시한다. 부분공개・비공개인 경우에는 「공공기록물관리에 관한 법률 시행규칙」 제18조에 따라 부분공개( ) 또는 비공개( )로 표시하고, 「공공기관의 정보공개에 관한 법률」 제9조 제1항 각 호의 번호 중 해당 번호를 괄호 안에 표시한다.
13. 관인생략 등 표시 : 발신명의의 오른쪽에 관인생략 또는 서명생략을 표시한다.

※ 기안자・검토자 및 결재권자 (직위/직급) 서명 : "기안자・검토자 및 결재권자"의 용어는 표시하지 아니하고, 기안자・검토자 및 결재권자의 직위/직급을 쓰고 서명한다.

※ 협조자(직위/직급) 서명 : "협조자"의 용어를 표시한 다음, 이어서 직위/직급을 쓰고 서명한다.

※ 전결 및 서명표시 위치 : 「행정효율과 협업촉진에 관한 규정 제10조 제2항 및 동 규정 시행규칙 제7조제2항에 따라 결재권이 위임된 사항을 전결하는 경우에는 행정기관의 장의 결재란을 설치하지 아니하고 전결하는 자의 서명란에 "전결" 표시를 한 후 서명한다.

※ 전결・대결 및 서명표시 위치 : 「행정효율과 협업촉진에 관한 규정 제10조 제3항 및 동 규정 시행규칙 제7조 제3항」에 따라 대결하는 경우에는 행정기관의 장의 결재란을 설치하지 아니하고 전결하는 자의 서명란에 "전결" 표시를 한 후 대결하는 자의 서명란에 "대결" 표시를 하고 서명하며, 위임전결사항이 아닌 사항을 대결한 경우에는 행정기관의 장의 결재란을 설치하지 아니하고 대결하는 자의 서명란에 "대결" 표시를 하고 서명한다.

※ 발의자(★)・보고자(◉)의 표시는 직위 또는 직급 앞 또는 위에 하되, 보고자의 표시는 직접 결재권자에게 보고하는 경우에만 표시한다.

〔**통합서식**〕 사례 3(민원문서)

행 정 안 전 부

수신자 (사)향토자원발전협회장 (우000 서울시 동작구 사당로9가길6(사당동 1955)
(경유)
제목 민원사항 회신

1. 안녕하십니까? 귀하께서 우리 부에 요청하신 민원사항에 대하여 다음과 같이 회신합니다.
   1. 민원 요청 내용
      대통령령 제29305호로 개정된 행정효율과 협업촉진에 관한 규정이 공포된 후 시·군·구·동 단위 일선(一線) 행정기관이 공문서에 한자 병기(倂記)가 시행되고 있는지 여부와 가능하면 공문서 사본(寫本)을 첨부(添附)하여 주기를 요청합니다.
   2. 회신 내용
      붙임 공문서 사본과 같이 공문서를 작성하는 경우에 올바른 뜻의 전달을 위하여 필요한 경우에는 괄호 안에 한자 기타 외국어를 넣어 사용하고 있습니다.
2. 위 사항과 관련하여 궁금한 사항은 아래 담당자에게 연락하여 주시면, 성실히 안내하여 드리겠습니다.

붙임 공문서 사본(한자 병기 사례) 1부. 끝.

행 정 안 전 부 장 관

행정주사 **허북식** 행정사무관 **김광천** 행정능률과장 전결 11/20 **신천지**
협조자
시행 행정업무과-141 (2014. 9. 7.) 접수 ( )
우110-760 서울시 종로구 세종로 77-6 (11층 1115호)/www.mogaha.go.kr
전화 (02)3703-4684 전송 (02)3703-5532/hernam59@mogaha.go.kr/공개

2) 공동기안

(1) 의의

공동기안이라 함은 2 이상의 행정기관의 장의 결재를 받아 공동명의로 시행하기 위하여 문안을 작성하는 것을 말한다.*

(2) 작성 및 시행방법

① 공동기안 문서의 처리를 주관하는 기관에서 기안하여 먼저 당해 기관의 장의 결재를 받은 후 관계 행정기관의 장의 결재를 받는다.

<예시> 행정안전부와 농림수산식품부가 공동기안 하는 경우의 결재

① 일반기안문 및 전자기안문의 경우 표시 방법 : 상하 또는 좌우로 구분(선과 박스가 없음)

행정안전부장관 9/3 김행정

농림수산식품부장관 9/4 박외교

또는

행정안전부장관 9/3 김행정 농림수산식품부장관 9/4 한외교

② 간이기안문의 경우 표시 방법 : 좌우로 구분

행정안전부장관	농림수산식품부장관
김 행 정 9/3	한 외 교 9/4

※ 주관 : 행정안전부인 경우임.

② 공동기안은 관계기관 간의 긴밀한 사전협의가 요구되므로 관계기관의 장의 결재를 받기 전에 그 기관의 해당 보조기

* 「행정효율과 협업촉진에 관한 규정」 제8조 제3항 및 동 규정 시행규칙 제5조 제2항 참조.

관 등과 충분한 사전협의가 있어야 한다.

③ 관계기관의 장의 결재를 받는 형식

- 관계기관이 2개 기관인 경우에는 결재란을 나누어 주관기관의 자체 결재절차를 마친 다음 관계기관의 장의 결재를 받는다.
- 관계기관이 3 이상인 경우 별지에 기안용지의 결재란에 준하여 필요한 수만큼 결재란을 만들어 첨부하여 결재를 받는다.

<예시>

행정안전부장관	김 행 정 9/3
교 육 부	박 교 육 9/4
○ ○청장	○ ○ ○ 9/4
○ ○청장	○ ○ ○ 9/5

또는

행정안전부장관	교 육 부	○○청장	○○청장
김 행 정 9/3	박 교 육 9/4	○○○ 9/4	○○○ 9/5

(3) 공동기안문의 발신명의 표시

① 당해 문서의 처리를 주관하는 행정기관의 장의 명의를 맨 위에 표시한다.

② 관계행정기관의 장의 명의를 그 밑에 표시하되, 관계행정기관의 장이 동일 직위일 때에는 「정부조직법」에 의한 부·처·청의 순위에 따라 표시하고, 관계행정기관의 장이 동일 직급이 아닌 때에는 상위직급의 행정기관의 장의 명의부터 표시하여 공동명의로 시행한다.

<예시>

행 정 안 전 부 장 관(관인)
교 육 부
○ ○ 청 장
○ ○ 청 장

(4) 문서처리절차

① 공동기안문서는 해당 문서의 처리를 주관하는 행정기관의 문서(기록물)등록대장에 등록하고, 그 등록번호를 부여하는 등 주관기관의 문서처리 절차에 따른다.

② 문서처리를 주관하는 행정기관의 발신명의에만 관인 날인한다.

4) 수정기안

(1) 의의

수정 기안은 수신한 문서 그 자체에 간단한 수정을 하거나 필요한 사항을 추가하여 기안에 갈음하는 기안방법이다.*

(2) 작성 및 시행방법

① 수신한 문서의 내용을 알아 볼 수 있도록 수정하는 글자의 중앙에 가로로 선을 긋고, 그 위의 여백에 수신한 문서와 다른 색깔의 글자로 수정 또는 기입한다. 이 경우 수신한 문서관인에도 중앙에 가로로 선을 긋는다.

② 공람을 받을 필요가 없는 문서를 수정 기안하는 경우에는 접수문서에 수정 기안하는 사항을 사전에 모두 수정 또는

* 「행정효율과 협업촉진에 관한 규정 시행규칙」 제5조 제3항 참조.

적은 후에 기안자 · 검토자 · 협조자 및 결재권자의 직위(직급) 및 서명 란을 수정하여 그 위의 여백에 결재를 받거나 적당한 여백에 〈간이 결재인〉을 찍어 결재를 받는다.

③ 문서 시행은 수정기안문을 복사한 후 관인을 날인하여 행한다.

(3) 수정기안의 활용

2018. 11.27. 이전까지는 기안문과 시행문이 하나의 서식으로 통합되어 시행하는 과정에서 행정기관의 결재정보 및 관인정보와 수신한 행정기관의 공람정보, 결재정보 및 관인정보 등이 혼합되어 공문서를 해독하는 데 혼동을 주었다. 따라서 가능한 한 수신한 시행문 자체를 수정 기안하는 것보다 별도로 기안문을 작성하여 시행하는 것이 좋다.

5) 서식에 의한 처리

<예시>

〈간이결재인〉

생산등록번호란 · 접수등록번호란 · 수신자란 등이 설계된 서식으로 작성한 문서는 별도의 기안문을 작성하지 아니하고 해당 서식의 기안자 · 검토자 · 협조자 · 결재권자의 서명란에 결재를 받아야 한다.* 다만, 서명란이 따로 설치되지 않은 경우 '간이결재인'을 찍어 이에 결재함으로써 기안에 갈음할 수 있다.

* 「행정효율과 협업촉진에 관한 규정」 제8조 제2항 참조.

2-5 결재

1. 결재의 개념

결재란 넓은 의미로 당해 사안에 대한 행정기관의 의사를 결정할 권한이 있는 자가 그 의사를 결정하는 행위를 말한다. 따라서 문서는 해당 기관의 장이 결재를 함으로써 성립이 된다.

그러나 기관의 장 또는 결재권을 위임받은 자의 의사를 결정하기 위한 과정에서 각급 보조기관 또는 보좌기관의 서명을 받는 것은 결재의 개념에 해당하지 않는다.

2. 결재의 기능

1) 순기능

① 기관의 의사결정 과정에서 현실적이고 실무적인 사정을 반영할 수 있다.

② 결재권자가 의사결정에서 필요한 지식과 정보를 제공·보완시켜 준다.

③ 하위 직원의 창의·연구 및 훈련의 기회로 활용될 수 있다.

④ 결재과정을 거치면서 직원의 직무수행에 대한 통제가 가능하다.

2) 역기능

① 여러 단계의 결재과정을 거치기 때문에 의사결정이 지연될 우려가 있다.

② 상위자의 결정에 의존하기 때문에 하위자가 자기 책임하에 창의성을 발휘하기 어렵다. 그 결과 소극적인 자세로 업무를 처리하는 경향이 있다.

③ 결재과정이 형식적인 확인절차에 그치는 경우도 있다.

④ 상위자에게 결재안건이 몰리는 경우 상세한 내용 검토 없이 자구 수정 정도에 그치기도 한다.

⑤ 결재하는라 보내는 시간 때문에 상위자 역할인 정책구상, 계획수립 등에 시간을 할애하기 어렵다.

3. 결재의 종류*

① 결재(決裁 ; 좁은 의미)는 법령의 규정에 의하여 소관사항에 대한 행정기관의 의사를 결정할 권한을 가진 자(주로 행정기관의 장)가 직접 그 의사를 결정하는 행위를 말한다. 「행정효율과 협업촉진에 관한 규정」 상 문서는 해당 행정기관의 장의 결재를 받되, 보조(보좌)기관의 명의로 발신하는 문서는 그 보조(보좌)기관의 결재를 받아야 한다.

② 전결(專決)이라 함은 행정기관의 장으로부터 사무의 내용에 따라 결재권을 위임받은 자(보조기관 · 보좌기관 · 업무담당 공무원)가 행하는 결재를 말하며, 그 위임전결사항은 당해 기관의 장이 훈령(위임전결규정) 또는 지방자치단체의 규칙(사무전결처리규칙)으로 정한다.

* 「행정효율과 협업촉진에 관한 규정」 제10조 참조.

③ 대결(代決)이라 함은 결재권자가 휴가 · 출장 기타의 사유로 결재할 수 없는 때에 그 직무를 대리하는 자가 행하는 결재를 말한다. 대결한 문서 중에서 중요하다고 판단되는 문서는 결재권자에게 사후에 보고하여야 한다.

3. 결재의 효과

문서는 다른 법령에 특별한 규정이 있는 경우를 제외하고는 당해 문서에 대한 결재권자의 서명(전자문자서명 · 전자이미지서명 또는 행정전자서명을 포함)에 의한 결재가 있음으로써 성립한다.* 따라서 결재는 문서가 성립하기 위한 최종적이며 절대적인 요건이다.

4. 결재의 표시

결재권자(행정기관의 장)가 결재하는 경우에 결재의 표시방법은 기안문과 시행문에 기안자, 검토 · 협조자 및 결재권자의 직위(직급)를 온전하게 나타내고(기관장 · 부기관장의 직위는 간략하게 표현), 서명을 표시한 것은 의사결정 과정과 관련자를 알 수 있도록 하여 행정의 책임성 · 투명성을 제고하기 위한 것이다. 즉 정책실명제의 실현을 위한 것이다.

1) 결재(좁은 의미)의 표시

① 행정기관의 장이 결재하는 경우 기관장의 직위를 직위 란에 간략하게 표시하고 결재란에 서명한다.

② 결재권자의 서명 란에는 서명날짜를 함께 표시한다.**

---

* 「행정효율과 협업촉진에 관한 규정」 제6조 제1항 참조.

** 「행정효율과 협업촉진에 관한 규정 시행규칙」 제7조 제1항 참조.

2) 전결의 표시

① 전결하는 사람의 서명 란에 '전결'표시를 한 후 서명한다.*

② 서명하지 않은 사람의 결재란은 설치하지 않는다.**

<예시>

행정지도과장 이과장	능률촉진관 장국장	행정효율실장 김실장 전결 4/28
협조자		김실장

☞ 이 경우 전결권자가 결재일자를 기재하지 않고 서명란에 전결하는 때에는 "전결" 표시 다음에 바로 이어서 서명하고, 결재일자를 기재하고자 하는 경우에는 서명란 중 상단에 "전결" 표시 후 결재일자(연도는 생략하고 월/일만)를 기재하고, 하단에 서명한다. 발신명의는 행정기관의 장이 된다.

3) 대결의 표시

(1) 위임전결 사항이 아닌 사항을 대결하는 경우('대결'만 표시)

대결하는 사람의 서명 란에 '대결'표시를 하고 서명하며, 서명하지 않는 사람은 결재란은 설치하지 않는다.***

가. 행정기관장의 권한사항을 직무대리인 차관이 대결하는 경우

<예시>

효율과장하과장	촉진정책관 권국장	행정실장 이실장	차관 대결 11/08
협조자			

* 「행정효율과 협업촉진에 관한 규정 시행규칙」 제7조 제2항 참조.

** 「행정효율과 협업촉진에 관한 규정 시행규칙」 제7조 제4항 참조.

*** 「행정효율과 협업촉진에 관한 규정 시행규칙」 제7조 제3항 참조.

나. 과장 권한사항을 직무대리자(담당)가 대결하는 경우

<예시>

> 주무관 송주무　　행정사무관　　대결 5/25
> 협조자

☞ 이 경우 발신명의는 보조기관 또는 보좌기관인 과장이 된다.

(2) 위임전결 사항을 대결하는 경우('전결'과 '대결'을 함께 표시)

전결권자의 서명 란에는 '전결'표시를, 대결하는 사람의 서명 란에는 '대결'이라고 표시하고 서명한다. 전결표시를 하지 않거나 서명을 하지 않는 사람의 결재란은 설치하지 않는다.

이 경우 발신명의는 항상 행정기관의 장이 된다.

<예시>

> (1) 차장 전결사항을 직무대리자인 국장이 대결하는 경우의 표시
> ① 결재일자를 표시하지 아니한 경우
> 행정사무관 **김철수**　행정능률과장 **박문서**　행정관리국장 **대결 홍길동**
> 차관 **전결**　협조자 행정제도과장 **강만수**
>
> ② 결재일자를 표시한 경우
> 행정사무관 **김철수**　행정능률과장 **박문서**　행정관리국장 **대결 9/22 홍길동**
> 차관 **전결**　협조자 행정제도과장 **강만수**
> (2) 총괄책임자 전결사항을 담당자가 전결하는 경우의 표시
> ① 결재일자를 표시하지 않는 경우
> 행정주사 **대결 홍길동**　행정사무관 **전결**
> 협조자
> ② 결재일자를 표시한 경우
> 행정주사 **대결 9/15 홍길동**　행정사무관 **전결**
> 협조자

2-6 문서의 등록

1. 등록대상 기관

1) 국가기관
2) 지방자치단체
3) 「공공기관의 운영에 관한 법률」 제4조에 따른 기관
4) 「지방공기업법」에 따른 지방공사 및 지방공단
5) 특별법에 의하여 설립한 법인*
6) 「초 · 중교육법」 및 「고등교육법」, 그 밖의 다른 법률에 따라 설립된 각급학교 등이 기록물을 생산 또는 접수한 때에는 그 기관의 전자기록 생산시스템으로 생산 또는 접수등록 번호를 부여하고 이를 그 기록물에 표기하여야 하며 중앙기록물관리기관장이 정하는 등록번호를 전자적으로 생산관리하여야 한다.

참고 : 『공공기관의 운영에 관한 법률 제4조에 따른 공공기관』
기획재정부장관은 국가 · 지방자치단체가 아닌 다음 각 호의 어느 하나에 해당하는 법인 · 단체 또는 기관(이하 '기관'이라 함)을 공공기관으로 지정할 수 있다.
- 다른 법률에 따라 직접 설립되고 정부가 출연한 기관
- 정부지원액이 총수입액의 1/2를 초과하는 기관
- 정부가 50/100 이상의 지분을 가지고 있거나 30/100 이상의 지분을 가지고 임원 임명권한 행사 등을 통해 당해 기관의 정책결정에 사실상 지배력을 확보하고 있는 기관
- 정부와 기관이 합하여 50/100 이상의 지분을 가지고 있거나 30/100 이상의

* 「지방문화원진흥법」에 의한 문화원 및 특별법에 의하여 설립된 조합 · 협회는 제외

지분을 가지고 임원 임명권 행사 등을 통하여 당해 기관의 정책결정에 사실상 지비력을 확보하고 있는 기관
- 기관이 단독으로 또는 두 개 이상의 기관이 합하여 50/100 이상의 지분을 가지고 있거나 30/100 이상의 지분을 가지고 임원 임명권한 행사 등을 통하여 당해 기관의 정책결정에 사실상 지배력을 확보하고 있는 기관
- 1~4에 해당하는 기관이 설립하고, 정부 또는 설립기관이 출연한 기관

2. 등록대상 문서 및 항목

1) 등록대상 문서

① 해당 부서에서 기안하여 결재를 받은 모든 문서

② 기안문 형식 외의 방법으로 작성하여 결재권자의 결재를 받은 문서

③ 접수한 문서

2) 등록항목

① 등록구분 ② 제목 ③ 단위업무명(기록물철) ④ 기안자(업무담당자) ⑤ 결개권자 ⑥ 생산(접수)등록번호 ⑦ 생산(접수)등록일자 ⑧ 수신자(발신자) ⑨ 공개구분 등

3. 문서의 등록 방법

1) 문서(기록물)의 등록

행정기관이 생산(접수)한 문서는 해당 문서에 대한 결재(접수)가 이뤄지면 결재(접수)일자 순에 따라 각 처리과별로 업무관리시스템 또는 전자문서시스템에 의하여 문서(기록물)등록대장에 등록하고, 생산(접수)등록번호*를 부여하여야 한다.**

2) 문서의 등록번호

문서의 등록번호는 처리과별로 문서(기록물)등록대장에 생산문서·접수문서를 통합하여 등록된 순서에 따라 일련번호를 부여·관리한다.

(1) 시스템 상 등록번호

처리과별로 기록물대장등록에 생산문서·접수문서를 통합하여 등록번호를 부여 관리한다. 등록번호는 처리과 기관코드와 연도별 등록일련번호로 구성한다.

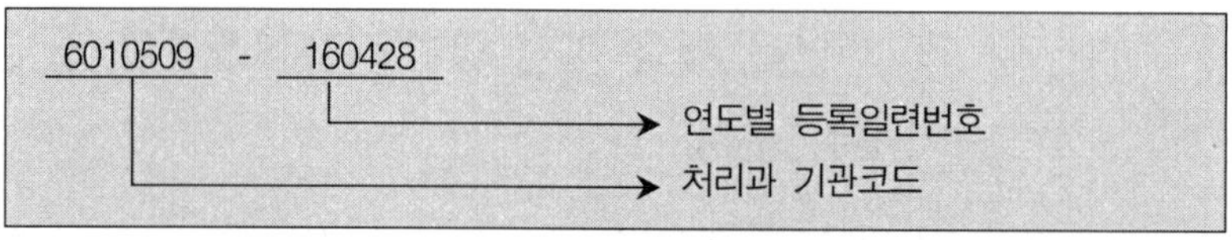

(2) 문서상 등록번호

① 처리과명과 연도별 등록일련번호로 구성

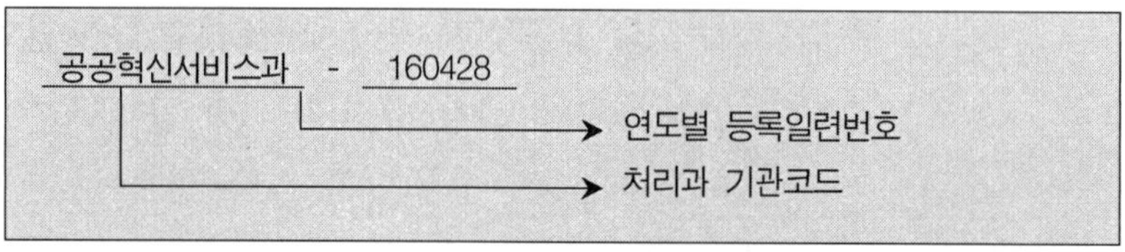

② 처리과명의 없는 행정기관은 행정기관명을 표시하되, 10자가 넘는 경우 10자 이내의 행정기관명의 약칭을 표시

---

* 「공공기록물 관리에 관한 법률 시행령」 제20조 참조.

** 「행정효율과 협업촉진에 관한 규정」 제11조 참조.

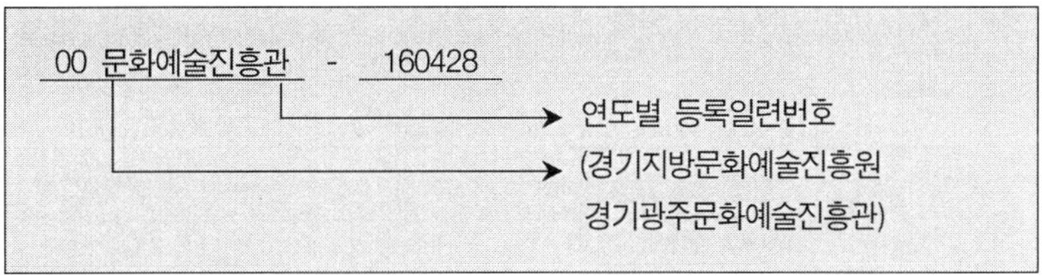

4. 내부결재문서

내부결재문서는 문서(기록물)등록대장의 수신자란에 "내부결재"라고 표시한다.*

5. 전자적 등록표시 불가 문서

전자적으로 문서등록 표시를 할 수 없는 결재문서는 문서의 표지 왼쪽 상단에 문서등록(생산등록번호)의 표시를 한 후 등록한다.

6. 첨부물 등록

일반문서에 첨부된 녹음테이프, 큰 도면 등 기록물 종류나 규격이 달라 함께 관리가 곤란한 첨부물은 별도로 등록한다.

7. 첨부물의 분리 등록방법

일반문서에 첨부된 녹음테이프, 큰 도면 등 기록물 종류나 규격이 달라 함께 관리가 곤란한 첨부물은 별도로 등록한다.

---

* 「행정효율과 협업촉진에 관한 규정 시행규칙」 제4조 제2항 참조.

1) 생산등록번호의 표시(공공기록물 관리에 관한 법률 별표1)

(1) 문서, 카드 · 도면류 등의 기록물

등록번호	
등록일자	
처리과	

(2) 사진 · 필름 · 테이프 · 디스켓 등 소형규격의 기록물

등록	등록번호
	등록일자

2-7 문서의 시행

1. 시행의 일반사항

1) 문서시행의 개요

문서시행이라 함은 내부적으로 성립한 행정기관의 의사를 외부로 표시하는 단계로서 문서의 효력이 발생하는 절차를 말한다.

2) 문서시행의 방법

문서시행의 방법으로는 일반적으로 문서의 발송 방법이 있다. 다음과 같은 여러 방법이 있다.

① 인편 또는 우편에 의한 발송, 팩스(모사전송)에 의한 발송, 정보통신망에 의한 방법

② 전자우편주소와 홈페이지를 이용하여 발송하는 방법

③ 관보 게제의 방법

④ 관보 또는 신문 등에 공고 · 고시하는 방법

⑤ 증명서를 교부하는 방법

2. 시행문의 작성

「행정효율과 협업촉진에 관한 규정」에 따른 시행문은 별지 제1호 서식에 따라 작성하되, 그 구성에 관해서는 제4조에 따른다.

종이문서의 경우에는 결재가 끝난 기안문을 복사하여 관인을 찍으면 시행문이 된다. 전자문서의 경우 업무관리시스템 또는 전자문서 시스템에서 전자이미지 관인을 찍으면 시행문이 된다.

1) 예외 사항

(1) 전신 · 전신타자 · 전화 발신문서

전신 · 전신타자 · 전화로 발신하는 문서는 시행문을 작성하지 아니하나, 시행문 형식으로 발신한다.

(2) 생산(접수)등록번호란 · 수신란 등이 설계된 서식으로 작성한 문서

서식자체를 기안문 · 시행문으로 갈음할 수 있도록 설계된 서식으로 기안한 경우에도 별도의 시행문을 작성하지 아니하고 해당 문서의 발신명의 란에 관인(전자이미지 관인 포함)을 찍거나 행정기관의 장이 서명(전자이미지 서명 포함)하여 시행할 수 있다.

2) 수신자가 여럿인 경우

시행문의 수신자가 여럿인 경우 그 수신자 전체를 함께 표시하여 시행문을 작성 · 시행하여야 한다.*

3) 시행문의 준용

행정기관의 장이 소속 공무원 또는 소속기관에 발신하는 시행문이나 보조(보좌)기관 상호 간에 발신하는 시행문 중에서 다음 각 호의 어느 하나에 해당하는 시행문은 업무관리시스템 또는 전자문서시스템의 전자게시판이나 행정기관 홈페이지 등에 게시된 때에 시행된 것으로 본다.**

① 단순한 업무에 관한 지시

② 자료요구, 업무연락, 통보, 공지사항, 일일명령 등

3. 관인날인 또는 서명

1) 관인 또는 서명의 표시

(1) 행정기관의 장 또는 합의제기관의 명의로 발신하는 문서

행정기관의 장 또는 합의제기관의 명의로 발신하는 문서의 발신명의에는 관인(전자이미지 관인을 포함)을 찍는다. 이 경우 행정기관의 장의 명의로 발신하는 문서의 발신명의에는 행정기관의 장이 관인의 날인(捺印)을 갈음하여 서명(전자문자서명과 행정전자서명은 제외)을 할 수도 있다.***

* 「행정효율과 협업촉진에 관한 규정」 제12조 제2항 참조.

** 「행정효율과 협업촉진에 관한 규정 시행규칙」 제9조 제2항 참조.

*** 「행정효율과 협업촉진에 관한 규정」 제14조 제1항 참조.

① 관인을 찍는 문서가 전자문서인 경우 처리과의 기안자 혹은 문서의 수신·발신을 담당하는 사람이 전자이미지 관인을 찍고, 종이문서인 경우 관인을 관리하는 사람이 관인을 찍는다.*

② 관인을 찍는 경우 발신명의 표시의 마지막 글자가 인영의 가운데에 오도록 한다. 다만 등·초본 등 민원서류를 발급할 때 사용하는 직인은 발신명의 표시의 오른쪽에 찍을 수 있다.**

③ 관인날인 대신 행정기관의 장이 직접 서명하여 시행하거나 발급할 수 있는 경우는 행정기관의 장이 직접 결재한 문서로 한정한다.

(2) 보조기관 또는 보좌기관의 명의로 발신하는 문서

행정기관 내의 보조기관 또는 보좌기관 상호간에 발신하는 문서의 발신명의에는 보조기관 또는 보좌기관이 서명한다.*** 보조기관이나 보좌기관이 서명하는 경우에는 발신명의 표시의 마지막 글자 위에 서명하여야 한다.****

(3) 보조기관 또는 보좌기관 직무대리자의 서명

보조기관 또는 보좌기관의 직무를 대라하는 사람이 발신명의에 서명을 하는 경우에는 서명 앞에 '직무대리'의 표시를 하여야 한다.

---

* 「행정효율과 협업촉진에 관한 규정 시행규칙」 제12조 제1항 참조.

** 「행정효율과 협업촉진에 관한 규정 시행규칙」 제11조 제1항 참조.

*** 「행정효율과 협업촉진에 관한 규정」 제14조 제2항 참조.

**** 「행정효율과 협업촉진에 관한 규정 시행규칙」 제11조 제2항 참조.

2) 관인 또는 서명의 생략*

(1) 생략 표시를 하지 않는 문서

관보나 신문 등에 게재하는 문서이다.

(2) 생략 표시를 해야 하는 문서

가. 대상문서

① 일일명령 등 단순 업무처리에 관한 지시문서

② 행정기관 또는 보조(보좌)기관 간의 단순한 자료요구, 업무 연락, 통보 등을 위함 문서

나. 표시위치

① 관인날인 생략의 표시 : 행정기관장 및 합의제기관 명의의 발신문서

관인 생략(서명 생략)
※가로 3㎝× 세로 1㎝

② 서명 생략의 표시 : 보조(보좌)기관 상호 간 발신문서

3) 관인 인영의 인쇄 · 사용**

① 관인을 찍어야 할 문서로서 다수의 수신자에게 동시에 발신 또는 교부하는 문서는 관인날인 대신에 관인 인영을 그 문서에 인쇄하여 사용할 수 있다. 관인의 인영을 인쇄하여 사용하고자 할 때에 실제 규격대로 인쇄하기 어려운 경우에

* 「행정효율과 협업촉진에 관한 규정」 제14조 및 동 시행규칙 제11조 제3,4항 참조.

** 「행정효율과 협업촉진에 관한 규정」 제14조 및 동 시행규칙 제11조 제5,6항 참조.

는 관인의 실제 규격보다 축소하여 인쇄할 수 있다.

② 처리과의 장은 관인의 인영을 인쇄하여 사용하려면 미리 관인을 관리하는 부서의 장과 협의하고 해당 행정기관의 장의 승인을 받아야 한다.

③ 처리과의 장은 관인의 인영을 인쇄하여 사용하는 경우 다른 법령에 특별한 규정이 없으면 서식에 의한 관인인쇄용지 관리대장을 갖추어 두고 관인 인영을 인쇄하여 사용한 내용을 기록, 유지하여야 한다.

4. 문서의 발신

1) 발신명의*

① 문서의 발신 명의는 행정기관의 장으로 한다. 다만, 합의제기관의 권한에 속하는 문서의 발신 명의는 그 합의제기관으로 한다.

② 행정기관 내의 보조기관 또는 보좌기관 상호간에 발신하는 문서는 해당 보조(보좌)기관의 명의로 한다.

③ 발신할 필요가 없는 내부결재문서는 발신명의를 표시하지 않는다.

2) 발신(발송) 원칙

① 문서는 직접 처리하여야 할 행정기관에서 발신한다. 다만, 필요한 경우 행정조직상의 계통에 따라 발신한다.**

---

* 「행정효율과 협업촉진에 관한 규정」 제13조 제1,2,3항 참조.

** 「행정효율과 협업촉진에 관한 규정」 제15조 제1항 내지 제3항 참조.

② 문서는 처리과*에서 발신한다.

③ 하급기관이 바로 위 상급기관 외의 상급기관에 발신하는 문서 중 필요하다고 인정되는 문서는 바로 위 상급기관을 거쳐 발신하여야 한다.

④ 상급기관이 바로 아래 하급기관 외의 하급기관에 문서를 발신하는 문서 중 필요하다고 인정되는 문서는 바로 아래 하급기관을 경유하여 발신하여야 한다.

2) 문서의 재발신(발송)

다음 어느 하나에 해당하는 경우에는 해당 문서를 생산한 처리과의 장의 승인을 받아 이미 발신한 문서의 수신자를 변경하거나 추가하여 다시 발신할 수 있다.**

① 결재권자나 해당 문서를 생산한 처리과의 장의 지시가 있는 경우

② 수신자의 명칭이 변경된 경우

③ 착오로 인하여 수신자를 누락하였거나 잘못 지정한 경우

④ 해당 업무와 관련된 기관의 요청이 있는 경우

⑤ 수신자의 변경이나 추가를 승인한 처리과의 장은 승인날짜를 업무관리시스템 또는 전자문서시스템으로 관리하여야 한다. 다만 종이문서인 경우 기안문의 결재권자 서명 란 오른쪽 여백에 서명을 하고 승인날짜를 적는 방법으로 표시하여야 한다.

---

* 처리과는 문서의 수발 및 사무 처리를 주관하는 과 · 담당관 또는 계를 말하며, 문서과는 행정기관내의 공문서 분류 · 배부 · 수발업무 지원 및 문서에 관한 사무를 주관하는 과 · 담당관 · 계를 말한다.

** 「행정효율과 협업촉진에 관한 규정」 제15조 제4항 참조.

3) 문서발신(발송)의 방법*

① 문서는 업무관리시스템 · 전자문서시스템 등의 정보통신망을 이용하여 발신한다.

② 업무의 성질상 정보통신망을 이용하여 발신하는 것이 적절하지 않거나 그 밖의 특별한 사정이 있으면 우편 · 팩스 등의 방법으로 문서를 발신할 수 있다.

③ 우편 · 팩스 등의 방법으로 발신하는 경우 내용이 중요한 문서는 등기우편이나 그 밖에 발신 사실을 증명할 수 있는 특수한 방법으로 발신하여야 한다.

④ 우편 · 팩스 등의 방법으로 문서를 발신한 때에는 그 발신 기록을 증명할 수 있는 관계 서류 등을 기안문과 함께 보존하여야 한다.

⑤ 행정기관이 아닌 자에게 행정기관의 홈페이지나 행정기관이 공무원에게 부여한 전자우편 주소를 이용하여 문서를 발신할 수 있다.

4) 문서의 게시

행정기관의 장이 소속공무원 또는 소속기관(보조기관 및 보좌기관 포함)에 발신하는 경미한 내용의 문서 즉, 단순한 업무지시, 자료요구, 업무연락 · 통보, 공지사항, 일일명령 등의 시행문은 전자문서시스템 게시판 또는 행정기관 홈페이지 등에 게시하여 시행할 수 있다.

* 「행정효율과 협업촉진에 관한 규정」 제16조 및 동 시행규칙 제13조 참조.

5) 관보 게재*

관보에 실린 사항 중 다음 각 호의 사항은 시행한 것으로 본다.

① 법령 공포의 통지

② 대통령 및 국무총리의 훈령과 지시사항의 통지

③ 각급 기관에 대한 인사발령 통지

④ 그 밖에 「관보규정」 제10조에 해당하는 내용으로서 관보에 공문을 대체한다는 내용을 적어 실은 사항

6) 문서 등의 보안유지

① 행정기관의 장은 문서를 수신 · 발신하는 경우 문서의 보안유지와 위조, 변조, 분실 , 훼손 및 도난방지를 위한 적절한 조치를 마련하여야 한다.**

② 행정기관의 장은 보유하고 있는 컴퓨터에 대하여 비밀번호를 부여하여야 한다.

③ 업무관리시스템 또는 전자문서시스템을 이용하여 문서를 작성 · 처리하고자 하는 자는 개인별 사용자 계정(ID) · 비밀번호 및 전자이미지서명***을 등록하여야 한다. 이 경우 비밀번호는 최초로 등록한 후 즉시 변경하여야 한다.

④ 컴퓨터 및 개인별 비밀번호는 문서 보안 및 비밀유지를 위하여 수시로 변경하여야 한다.

---

* 「관보규정」 제17조 및 동 규정 시행규칙 제9조 참조.

** 「행정효율과 협업촉진에 관한 규정」 제16조 제4항 참조.

*** 전자문서서명을 사용하는 경우 전자이미지서명을 등록하지 않는다.

2-8 문서의 접수 및 처리

1. 문서의 접수

1) 문서접수요령

(1) 처리과

① 문서는 처리과에서 접수하며, 접수한 문서에는 접수일시와 「공공기록물 관리에 관한 법률 시행령」 제20조에 따른 접수등록번호를 전자적으로 표시한다.

② 전자적으로 처리할 수 없는 종이문서인 경우 행정안전부령으로 정하는 접수인을 찍고 접수일시와 접수등록번호를 적는다.*

③ '행정안전부령으로 정하는 접수인'이란 별표2에 따른 접수인을 말한다. 이 경우 특별한 사유가 없으면 접수문서의 오른쪽 위 여백에 찍어야 한다.**

(2) 문서과

① 문서과에서 받은 문서는 문서과에서 접수일시를 전자적으로 표시하거나 기재하고 지체없이 처리과에 배부하여야 한다.

② 처리과는 배부받은 문서에 접수등록번호를 표시하거나 적어야 한다.***

---

* 「행정효율과 협업촉진에 관한 규정」 제18조 제1항 참조.

** 「행정효율과 협업촉진에 관한 규정 시행규칙」 제15조 제1항 참조.

*** 「행정효율과 협업촉진에 관한 규정」 제18조 제2항 참조.

〈별표2〉 **접수인(제15조 제1항 관련)**

접수	- (. . . :)

*비고
1. 접수 란의 크기는 기관에 따라 적절하게 조정하여 사용한다.
2. 접수 란의 첫째 줄에는 접수등록번호를 적되, 처리과명과 연도별 일련번호를 붙임표(-)로 이어 적는다.
   예) 협업촉진과인 경우 : 협업촉진과 - 19
3. 접수 란의 둘째 줄 괄호 안에는 접수일자를 적는다. 다만, 민원문서 등 필요한 경우에는 시 · 분까지 적는다.
   예) 2020. 3. 10 또는 2020. 3. 10. 15:19

2) 둘 이상의 보조(보좌)기관 관련문서*

① 2개 이상의 보조기관 및 보좌기관에 관련된 문서인 경우 문서과는 그 관련성의 정도가 가장 높다고 판단되는 보조기관 또는 보좌기관이 문서를 접수한다.

② 문서를 접수한 처리과는 문서와 관련이 있는 다른 보조(보좌)기관에 접수한 문서의 내용을 통보하여야 한다.

3) 문서의 접수, 배부경로의 관리

행정기관은 문서의 접수, 배부 결로에 관한 정보를 「공공기록물 관리에 관한 법률 시행령」 제20조(기록물의 등록)에 따른 등록정보로 관리하여야 한다.

* 「행정효율과 협업촉진에 관한 규정 시행규칙」 제15조 제2, 3항 참조.

참고로 「공공기록물 관리에 관한 법률 시행령」 제26조(보존기간)에 의한 기록물의 보존기간은 다음과 같이 구분한다.

① 기록물의 보존기간은 영구, 준영구, 30년, 10년, 5년, 3년, 1년으로 구분한다. 보존기간별 책정기준은 별표1과 같다(다만, 「대통령기록물 관리에 관한 법률」에 따른 대통령기록물, 수사·재판·정보·보안관련 기록물은 소관 중앙행정기관의 장이 중앙기록물관리기관의 장과 협의하여 보존기간의 구분 및 책정기준을 달리 정할 수 있다).
② 기록물 보존기간은 단위과제별로 책정한다. 다만, 영구기록물관리기관의 장은 특별히 보존기간을 달리 정할 필요가 있다고 인정되는 단위과제에 대하여는 보존기간을 직접 정할 수 있다.
③ 보존기간의 기산일은 단위과제별로 기록물의 처리가 완결된 날이 속하는 다음 연도의 1월1일로 한다. 다만, 여러 해에 걸쳐서 진행되는 단위과제의 경우에는 해당 과제가 종결된 날이 속하는 다음연도의 1월1일부터 보존기간을 기산한다.

4) 당직근무자가 받은 문서

당직근무자가 받은 문서는 다음 정상 근무시간 시작 후 지체 없이 문서과에 인계하여야 한다.

<예시>

- 토요일 18:00 접수 → 월요일 출근시간 직후
- 월요일이 공휴일인 때에는 화요일 출근시간 직후

5) 감열기록방식의 팩스로 수신한 문서

감열기록방식의 팩스(FAX)로 보존기간이 3년 이상인 문서를 수신하였을 때에는 문서를 복사하여 접수하여야 한다. 이 경우 수신한 문서(FAX)문서는 즉시 폐기한다.*

* 감열지에 기록된 내용은 용지에 따라 1~5년 정도 보존되지 않는다. 그러므로 감열지로 된 문서는 보존기간에 상관없이 일반용지로 복사하여 사용하는 것이 좋다.

6) 행정기관이 아닌 자로부터 받은 문서처리

① 행정기관의 홈페이지나 행정기관이 부여한 공무원의 전자우편주소 등 정보통신망을 이용하여 행정기관이 아닌 자로부터 접수하려는 문서의 위조 · 변조 방지 등으로 인하여 그 문서에 접수일시와 접수등록번호를 전자적으로 표시할 수 없는 경우에는 이를 표시하지 아니 할 수 있다.

② 일반적인 접수절차를 거쳐 업무관리시스템 또는 전자문서시스템 상에서 처리하되, 발신자의 주소와 성명 등이 불분명한 경우에는 접수하지 아니할 수 있다.

2. 문서의 반송 · 이송 · 재배부 및 공람

1) 문서의 반송

행정기관의 장은 접수한 문서가 형식상의 흠이 있을 때에는 그 문서의 생산등록번호 · 시행일자 · 제목과 반송사유를 구체적으로 밝혀 발신한 행정기관의 장에게 반송할 수 있다.*

2) 문서의 이송

① 행정기관의 장은 접수한 문서가 다른 기관의 소관사항인 경우에는 이를 지체 없이 소관기관의 장에게 이송하여야 한다.**

② 처리과에서 접수한 문서가 다른 보조기관이나 보좌기관의 소관사항인 경우에는 지체 없이 소관 보조기관이나 보좌기관에 이송하여야 한다.

---

* 「행정효율과 협업촉진에 관한 규정 시행규칙」 제16조 제1항 참조.

** 「행정효율과 협업촉진에 관한 규정 시행규칙」 제16조 제2항 참조.

3) 문서의 재배부

① 처리과에서 그 소관에 속하지 아니하는 문서를 접수한 경우에는 지체 없이 문서과로 보내야 하며, 문서과로부터 배부받은 문서의 경우에는 재배부 요청을 하여야 한다.

② 문서과는 그 문서를 즉시 소관 처리과로 재배부하여야 한다.

4) 문서의 공람

(1) 공람자의 범위 및 방법

① 처리과에서 문서수신·발신업무를 담당하는 사람은 접수한 문서를 처리담당자에게 인계하여야 하고, 처리담당자는 행정안전부령으로 정하는 문서인 경우 공람할 자의 범위를 정하여 그 문서를 공람하게 할 수 있다.

② 공람방법은 두 가지이고, 종이문서와 전자문서의 공람방법은 다르다.

- 종이문서의 공람 방법 : 접수문서의 적당한 여백에 공람할 자의 직위 또는 직급을 표시하여 공람(서명)을 받는다.
- 전자문서의 공람 방법 : 전자 문서는 전자문서 시스템 내에서 공람하였다는 기록이 유지되도록 한다. 접수된 전자문서 자체에는 공람할 란이 없으므로, 전자문서 시스템 내에서 공람자의 직위 또는 직급, 성명 및 공람일시 등이 자동으로 표시되도록 하여야 한다.

(2) 대상문서

① 결재권자로부터 처리지침을 받아야 할 필요가 있는 문서

② 민원문서

③ 행정기관 간 또는 행정기관 내 보조(보좌)기관 간 업무협조에 관한 문서
④ 접수문서 처리를 위하여 소관사항 등 형식적인 면 또는 법률 · 예산 등 내용적인 면에서 검토가 필요한 문서
⑤ 그 밖에 공무원의 신상(身上), 교육훈련 등과 관련하여 공무원이 개별적으로 또는 전체적으로 알아야 할 필요가 있는 문서
⑥ 공람제외문서 : 통계 · 설문조사 등을 위하여 각 기관으로부터 취합하는 문서는 공람하지 않는다.

(3) 공람 결재권자의 지시

공람을 하는 결재권자는 문서 처리기한 및 처리방법을 지시할 수 있으며 필요하다고 인정하는 때에는 업무 분장된 담당자 외에 그 문서의 처리담당자를 따로 지정할 수 있다.*

3. 경유문서의 접수처리

1) 경유문서의 접수

경유문서의 접수절차도 일반문서의 접수절차와 동일하다.

2) 경유문서의 결재 및 처리

① 경유문서를 접수한 기관은 해당 기관장의 명의로 다음 경유기관의 장이나 최종 수신자에게 경유문서를 첨부하여 발신하여야 한다.
② 경유기관의 의견이 있으면 그 의견을 시행문 본문에 표시하거나 첨부하여 보내야 한다.

* 「행정효율과 협업촉진에 관한 규정」 제18조 제5항 참조.

3) 경유문서의 반송 및 보완

① 경유기관의 장은 그 문서를 최종적으로 처리할 권한이 있는 자가 아니므로 검토과정에 형식상, 내용상 흠이 있더라도 이를 이유로 하여 발신 행정기관의 장에게 반송할 수 없다.

② 경유문서에 대하여 수정 또는 보완요구를 또한 할 수 없다. 위에서 설명한 바와 같이 경유기관의 장은 경유문서에 대한 검토를 하고, 이에 대한 의견이 있는 경우에는 이를 첨부하여 경유절차를 밟아 보내야 한다.

4) 경유문서의 표시 예시

경유문서는 기안문 및 시행문의 수신자란 밑의 (경유)란 및 제목에 다음 예시와 같이 표시하여야 한다.

<예시>

행정기관명

수신자 ○○○
(경유) 이 문서는 경유기관의 장은 ○○○(또는 제1차 경유기관의 장은 ○○○, 제2차 경유기관의 장은 ○○○)이고, 최종 수신기관의 장은 ○○○입니다.
제목 경유문서의 이송

(본문 내용)

발 신 명 의

[최초로 보낸 기관]

<table>
<tr><td colspan="2" align="center">효자동</td></tr>
<tr><td>수신자</td><td>종로구청장(총무과장)</td></tr>
<tr><td>(경유)</td><td>이 문서는 제1차 경유기관의 장은 종로구청장이고, 제2차 경유기관의 장은 서울특별시장이며, 최종 수신기관의 장은 행정안전부장관입니다.</td></tr>
<tr><td>제목</td><td>○○○○○○</td></tr>
<tr><td colspan="2">(본문 내용)</td></tr>
<tr><td colspan="2" align="center">효자동장</td></tr>
</table>

[1차 경유기관 처리 예시]

<table>
<tr><td colspan="2" align="center">종로구</td></tr>
<tr><td>수신자</td><td>서울특별시장(총무과장)</td></tr>
<tr><td>(경유)</td><td>문서는 제1차 경유기관의 장은 종로구청장이고, 제2차 경유기관의 장은 서울특별시장이며, 최종 수신기관의 장은 행정안전부장관입니다.</td></tr>
<tr><td>제목</td><td>경유문서의 이송</td></tr>
<tr><td colspan="2">(본문 내용)</td></tr>
<tr><td>붙임</td><td>1. 시행문(효자동 경유문서) 1부.
2. 의견서 1부(있는 경우에만 첨부). 끝.</td></tr>
<tr><td colspan="2" align="center">종로구청장</td></tr>
</table>

[2차 경유기관 처리 예시]

서울특별시
수신자 행정안전부장관(총무과장) (경유) 이 문서는 제1차 경유기관의 장은 종로구청장이고, 제2차 경유기관의 장은 서울특별시장이며, 최종 수신기관의 장은 행정안전부장관입니다. 제목 경유문서의 이송
붙임 1. 시행문(효자동 경유문서) 1부. 2. 시행문(종로구 경유문서) 1부. 3. 의견부 1부(있는 경우에만 첨부). 끝. 서울특별시장

2-9 업무관리시스템

1. 업무관리시스템 개요

1) 업무관리시스템의 정의

업무관리시스템이란 행정기관이 업무처리의 모든 과정을 과제관리카드 및 문서관리카드 등을 이용하여 전자적으로 관리하는 시스템을 말한다.

2) 업무관리시스템의 기능

① 정책에 대한 모든 의사결정을 처리하고, 그 결과를 기록으로 유지, 관리한다.
② 단위과제별 추진실적을 관리하고, 주요 정책 추진상황을 분석, 피드백(feedback : 환류(還流), 되먹임*)할 수 있는 툴(tool : 도구) 제공한다.
③ 업무추진과정에서 생성되는 각종 보고서, 활동 실적 등을 축적하여 기록 · 관리한다.

3) 업무관리시스템의 기대효과

(1) 정책의 투명성 · 책임성 제고

정책결정 과정에서 제시된 다양한 의견이 기록, 관리되도록 하여 정책의 투명성 및 책임성을 높일 수 있다.

(2) 정책 품질의 제고

업무수행과 전자적 문서관리, 과제관리, 정책 품질관리 등을 연계하여 정책품질을 제고할 수 있다.

(3) 업무의 효율성 제고

① 일하는 방식의 표준화 · 시스템화로 신속한 업무처리 가능
② 업무과정의 표준화로 하나의 시스템에서 관리 가능
③ 업무 담당자 간 업무처리 내용의 긴밀한 공유
④ 업무 내용의 과제별, 체계적 분류 · 등록
⑤ 추진내용, 과제수행에 대한 정확한 상황을 실시간으로 확인
⑥ 추진실적이 자동으로 기록 · 관리되어 업무의 효율성 향상

---

* feedback를 순수 우리말로 표현하면 '되먹임'이라 표현할 수 있다.

2. 업무관리시스템의 구축 · 운영

1) 업무관리시스템 구축

(1) 구축 · 운영의 주체*

① 행정기관의 장은 업무처리의 전 과정을 효율적으로 관리하기 위하여 업무관리시스템을 구축 · 운영하여야 한다.

② 중앙행정기관, 지방자치단체, 지방교육행정기관의 장은 업무관리시스템을 구축 · 운영하는 경우에 그 소속기관 등을 포함하여 구축 · 운영할 수 있다.

③ 행정안전부 장관은 업무관리시스템의 구축 · 운영을 지원하기 위한 계획을 수립 · 시행하기 위하여, 필요할 경우 관계 행정기관의 장에게 관련 자료 및 필요한 의견의 제출을 요청할 수 있다.

2) 업무관리시스템의 구성

업무관리시스템에는 '과제관리카드' 및 문서의 작성 · 검토 · 결재 · 등록 · 공개 등 문서처리의 모든 과정을 기록 · 관리하는 '문서관리카드' 등이 포함되어야 한다.

(1) 과제관리카드**

가. 구성 항목

과제관리카드는 행정기관 업무의 기능별 단위 과제의 담당자 · 내용 · 추진실적 등을 기록 · 관리할 수 있도록 구성되어야 한다.

---

* 「행정효율과 협업촉진에 관한 규정」 제21조 및 동 규정 시행규칙 제19조 참조.

** 「행정효율과 협업촉진에 관한 규정」 제22조 및 동 규정 시행규칙 제20조 참조.

나. 카드에 포함될 내용

과제관리카드에는 표제, 실적관리, 접수관리, 계획관리, 품질관리, 홍보관리, 고객관리 부분과 그 밖에 필요한 사항이 포함되어야 한다.

(2) 문서관리카드*

가. 구성항목

문서관리카드는 문서정보, 보고경로, 시행정보 부분과 그 밖에 필요한 사항으로 구성된다.

나. 카드에 포함될 내용

문서관리카드에는 문서의 작성 · 검토 · 등록 · 결재 · 공개 · 공유 등 문서처리의 모든 과정을 기록 · 관리할 수 있도록 다음 사항을 포함하여야 한다.

① 기안내용
② 의사결정과정에서 제기된 의견, 수정내용과 지시사항
③ 의사결정내용

다. 문서의 기안

문서의 기안은 업무관리시스템의 문서관리카드로 할 수 있다. 이 경우 검토자 · 협조자 및 결재권자는 보고 경로의 의견 · 지시 란에 의견을 표시할 수 있고 전결 · 대결 및 끝 표시를 생략할 수 있다.

3) 과제분류 체계의 이해

업무관리시스템(온-나라 시스템 : On-Nara BPS System)은 과제분류체계를 기반으로 하는 시스템이다.

---

* 「행정효율과 협업촉진에 관한 규정」 제22조 및 동 규정 시행규칙 제21조 참조.

과제를 중심으로 조직의 역할과 기능에 적합한 업무를 정의하고, 업무별로 세분화된 목표를 설정한다. 목표를 달성하기 위하여 과학적인 전략과 계획에 따라 업무를 수행하게 되며, 업무과정과 결과는 과제실적으로 축적되어 관리된다.

(1) 과제의 개념

업무관리시스템(온-나라 시스템 : On-Nara BPS System*)을 활용하려면 단위과제, 관리과제의 의미를 이해하여야 한다. 이때 과제는 조직 또는 개인이 수행하는 일의 최소단위를 의미한다.

① 단위과제 : 단위과제는 직제를 근거로 부서 내 구체화된 업무실적을 관리하는 단위이다.
공무원이 수행하는 최소업무 단위로 계획수립 · 집행 · 평가 등 일련의 업무과정을 통합적으로 관리하는 기본적 단위이다. 단위과제에서 추진한 모든 업무실적은 '단위과제카드'에 자동으로 축적된다.

② 관리과제 : 관리과제는 각 부처의 연도별 전략목표를 달성하기 위한 연두업무보고, 성과관리 전략목표, 정책품질관리 등을 관리하는 단위이다.

(2) 과제의 분류

과제분류는 조직이 수행하는 일의 단위인 기능별 분류와 기관의

---

* 행정안전부가 관리하고 정부부처, 정부산하기관, 지방자치단체 공무원 등이 사용하는 업무처리 전산화 시스템이다. 효율적인 행정업무와 비용절감을 위해 개발됐다. 문서결재 업무를 체계적으로 처리할 수 있고, 실시간 업무처리가 가능하다는 장점이 있다. 또 수기로 문서를 처리하는 것에 비해 시간이 단축되고 정확도가 높으며, 의사결정 과정이 시스템 내에 기록 · 보관되고 공유가 가능하여 행정의 투명성을 향상시킨다.

연도별 목표 달성을 위한 관리과제 등 목적별 분류 및 조직별 분류로 구분한다.

① 기능별 분류 : 정부조직법, 행정 각 부의 직제 및 직제 시행규칙에 의한 기관의 기능을 정책분야, 정책영역, 대기능, 중기능, 소기능, 단위과제의 6레벨로 분류하며, 단위과제는 기관고유, 유사기관 공통, 각 부처 공통, 과 단위 공통의 4가지 유형으로 관리된다.

② 목적별 분류 : 기관의 연도별 목표(임무)를 달성하기 위해 전략목표를 세우고 그것을 달성하기 위한 조직의 성과목표, 관리과제 등으로 구성된다. 이를 관리하기 위해 임무, 전략목표, 성과목표, 관리과제의 4 레벨로 분류한다.

③ 조직별 과제분류 : 사용자가 편리하게 알아볼 수 있도록 조직도를 근간으로 기능별 분류체계의 단위과제와 목적별 분류체계의 관리과제가 연결된 상태를 보여준다.

3. 업무관리시스템의 연계와 활용

1) 업무관리시스템 등과 행정정보시스템 간 연계*

행정기관의 장은 효율적인 업무수행을 위해서 업무관리시스템 또는 전자문서시스템을 기능분류시스템 등 행정정보시스템과 연계·운영하여야 한다. 다만, 업무성격이 연계·운영에 적합하지 않거나 특별한 사유가 있는 경우에는 그러하지 아니하다. 참고로 기능분류시스템 주요 내용은 다음과 같다.

* 「행정효율과 협업촉진에 관한 규정」 제23조 참조.

기능분류 시스템	- 정부기능을 범정부 차원에서 행정기관이 상시적으로 수행하는 업무를 기능에 따라 체계적으로 분류 · 운영하는 것을 의미한다. - 정부업무의 생산성을 제고하고, 행정자원의 효율적 활용을 위한 전자적 관리시스템을 말한다. - 범정부 업무활동의 근간이 되는 정부기능분류시스템은 각 부처 업무수행을 기능중심으로 관리할 수 있도록 유도하고, 업무관리시스템, 기록물관리시스템, 정보공개시스템 및 다른 전자정부시스템에 업무 기준정보 및 업무연계 정보를 제공하는 등 관련 기관의 시스템과 연계하는 기능으로 구성 및 활용된다.

2) 업무관리시스템의 활용

행정기관의 장은 업무관리시스템으로 관리한 업무실적 등을 효과적으로 활용하도록 노력하여야 한다.

4. 업무관리시스템의 표준관리

1) 업무관리시스템 등의 표준고시*

행정안전부 장관은 다음 각 목 표준을 정하여야 한다. 다만 「산업표준화법」에 따른 한국산업표준(Ⓚ)이 제정되어 있는 사항은 그 표준에 따른다.

① 업무관리시스템의 규격에 관한 표준과 업무관리시스템을 이용한 전자문서 등의 유통에 관한 표준

② 전자문서시스템의 규격에 관한 표준과 전자문서시스템을 이용한 전자문서 등의 유통에 관한 표준

③ 업무관리시스템 또는 전자문서시스템과 행정정보시스템 간 연계를 위한 표준

* 「행정효율과 협업촉진에 관한 규정」 제24조 참조.

2) 표준의 관보 및 인터넷 고시

행정안전부 장관은 규격 · 유통 및 연계에 관한 표준을 정하였으면 그 내용을 관보, 인터넷에 게시하여야 한다. 그 표준을 변경하는 경우에도 또한 같다.

3) 행정기관장의 시스템 구축 · 운영

행정기관의 장은 특별한 사유가 없으면 고시된 표준과 「공공기록물관리에 관한 법률」 제39조에 따른 표준에 적합한 업무관리시스템이나 전자문서시스템을 구축 · 운영하여야 한다.

5. 정부전자문서 유통지원센터

1) 센터의 설치

행정안전부장관은 전자문서의 원활한 유통을 지원하기 위하여 행정안전부에 정부전자문서 유통지원센터(이하 "센터"라 함)을 둔다.

2) 센터의 업무

① 전자문서의 원활한 유통을 위한 지원과 유통 및 연계에 관한 표준 등의 운영
② 전자문서의 효율적인 유통을 위한 프로그램의 개발 · 보급
③ 전자문서의 유통 시 발생하는 장애의 복구를 위한 지원
④ 유통되는 전자문서의 위조 · 변조 · 훼손 또는 유출을 방지하기 위한 보호대책 마련

제 3 장

서식관리

3-1 서식의 개요

1. 서식의 의의

서식이란 장기간에 걸쳐 반복되는 업무와 관련하여 행정상의 필요사항을 기재할 수 있도록 도안한 일정한 형식 또는 그 사무용지를 말한다.

이러한 서식은 상자형 · 비상자형 또는 기안(시행)문서 형태를 이용하여 글씨와 크기, 항목 간의 간격, 기재할 여백의 크기 등을 균형있게 조절하여 사용하기 편리하도록 제정한다. 즉 서식은 문서의 내용을 담을 수 있는 그릇이라고 할 수 있다.

2. 서식의 기능

현대 업무관리에 있어서 '업무전산화' 또는 '업무표준화'를 위해서는 사무용지의 형식이나 사용방법의 정형화, 표준화 없이는 불가능하다. 따라서 서식은 업무처리에서 기본적으로 사용되고 있는 용지의 정형화, 규격화를 의미하므로 업무의 표준화, 능률화, 합리화를 촉진한다고 볼 수 있다. 그러므로 그 주요기능은 다음과 같다.

① 서식의 발달은 업무관리의 현대화, 과학화를 촉진한다.

② 서식은 업무능률화와 생산성 향상에 불가결의 요소가 된다.

③ 서식은 업무표준화의 한 방법이며, 업무처리 과정상 오류를 최소화할 수 있다.

④ 일반문서의 기능을 보다 효과적으로 수행할 수 있도록 한

다. 예를 들어 필요한 자료를 필요한 곳에 신속히 보낼 수 있으며, 자료보존에 편리하며, 공람과 해독을 용이하게 하고, 업무처리 과정의 시작과 끝을 분명하게 한다.

3. 서식의 종류

서식의 종류는 법령서식과 일반서식으로 구분된다.

법령서식은 법률 · 대통령령 · 총리령 · 부령 · 조례 · 규칙 등 법령으로 정한 서식을 말한다.

일반서식은 법령서식을 제외한 모든 서식을 말한다.

4. 서식의 제정

1) 제정원칙*

행정기관에서 장기간에 걸쳐 반복적으로 사용하는 문서로서 정형화할 수 있는 문서는 특별한 사유가 있는 경우를 제외하고는 서식으로 정하여 사용한다.

2) 제정방법**

(1) 법령으로 제정하는 경우

① 국민의 권리 · 의무와 직접 관련되는 사항을 기재사항으로 정하는 서식

② 인가, 허가, 승인 등 민원에 관계되는 서식

③ 행정기관의 공통 사용서식 중 중요한 서식

---

* 「행정효율과 협업촉진에 관한 규정」 제26조 참조.

** 「행정효율과 협업촉진에 관한 규정」 제27조 참조.

(2) 고시 · 훈령 · 예규 등으로 제정하는 경우

법령에서 고시 등으로 정하도록 하는 경우와 기타 특별한 사유가 있으면 고시 · 훈령 · 예규 등으로 정할 수 있다.

3-2 서식의 설계

1. 서식설계의 목적

서식설계는 업무내용의 기입, 관리를 신속 · 정확하게 할 수 있도록 하여 업무능률을 제고하는데 그 목적이 있다. 따라서 서식은 이에 맞도록 정확한 표준을 설정하여야 하고, 표준설정을 위해서는 서식설계상 필요한 원칙이 수립되어야 한다. 즉 서식은 신속성 · 정확성 · 경제성을 확보할 수 있도록 설계하여야 한다. 따라서 서식의 기본구조에 대해서 분석이 필요하다.

2. 일반원칙*

1) 개인정보 보호

주민등록번호 란은 '생년월일'로 대체하고 등록기준지란은 설치하지 아니하되, 행정정보공동이용, 신원조회 등 꼭 필요한 경우에만

---

* 「행정효율과 협업촉진에 관한 규정」 제27조 및 73조, 동 규정 시행규칙 23조 참조.

'주민등록번호' 또는 '등록기준지' 란을 설치한다.

2) 기입의 수월성

서식은 글씨의 크기, 항목 간의 간격, 적어 넣을 칸의 크기 등을 균형있게 조절하여 서식에 적을 사항을 쉽게 알 수 있도록 하여야 한다.

3) 용어의 평이성과 기입항목의 활용성

서식에는 누구나 쉽게 이해할 수 있는 용어를 사용하고, 불필요하거나 활용도가 낮은 항목을 넣어서는 아니 된다.

4) 기안(시행)문 겸용 사용

서식은 특별한 사유가 없으면 별도의 기안문과 시행문을 작성하지 아니하고 그 서식 자체를 기안문과 시행문으로 갈음할 수 있도록 생산등록번호 · 접수등록번호 · 수신자 · 시행일 및 접수일 등의 항목을 넣어야 한다.

5) 서명 또는 날인의 선택

법령에서 서식에 날인하여야 한다고 정하고 있지 아니하면 서명이나 날인을 선택할 수 있도록 하여야 한다.

6) 행정기관의 이미지 제고

서식에는 가능하면 행정기관의 로고 · 상징 · 마크 · 홍보문구 등을 표시하여 행정기관의 이미지를 높일 수 있도록 하여야 한다.

7) 민원인 편의 도모

민원서식에는 민원인의 편의를 도모하기 위하여 그 민원업무의 흐름도, 처리기간, 전자적 처리가 가능한지 등을 표시하여야 하며, 음성정보나 영상정보 등을 수록하거나 연계한 바코드 등을 포기할 수 있다.

8) 용지의 규격과 지질

① 서식을 포함한 용지의 지질기준은 별표3과 같다. 다만 부득이한 경우에는 별표3에 따른 기준과 다른 지질의 용지를 사용할 수 있다.

② 서식에는 용지의 규격과 지질을 다음의 예시와 같이 해당 서식의 우측 하단에 표시한다.

〈용지의 용도별 지질 기준(제23조 제1항 관련, 별표3)〉

번호	서식용지의 용도	지질 및 중량
1	비치카드 · 상장 · 통지서(엽서) · 임용장, 휴대 또는 게시하는 각종 증서 등	백상지 150g/m^2
2	보존기간이 20년 이상인 문서의 서식, 보존기간이 10년 이상인 문서 · 간행물 등	백상지 120g/m^2 또는 백상지 80g/m^2
3	보존기간이 20년 미만인 문서 보존기간이 10년 미만인 문서 · 간행물 등	백상지 80g/m^2
4	각종 민원신청서 및 신고서 · 통지서	백상지 60g/m^2 또는 중질지 80g/m^2

3. 서식의 설계기준

〈서식의 설계기준 : 규칙 제24조, 별표 4〉

구분	설계기준
1. 기본 형식	가. 영 제28조 제3항에 따라 기안문과 시행문을 갈음하는 서식은 별지 제1호 서식의 형식으로 작성한다. 나. 그 밖의 각종 신청서, 증명서 등의 서식에는 접수(발급)번호, 접수(발급)일 등의 해당사항과 전자적 처리가 가능한지를 표시한다. 다. 모든 서식에는 그 서식에 관한 기본정보(근거법령 등과 서식 호수)를 표시하여야 한다.
2. 용지 여백	상단 및 좌우측은 20㎜, 하단은 10㎜로 하되, 필요한 경우 프린터로 출력 가능한 범위에서 확대하거나 축소할 수 있다.
3. 항목란	가. 「전자정부법」 제36조 제1항에 따른 행정정보의 공동이용을 통하여 해당 정보의 내용을 확인할 수 있는 경우에는 첨부 서류를 따로 받지 않도록 하는 내용에 관한 항목을 둔다. 나. 주민등록번호란은 생년월일 란으로 대체하여 사용하고 등록기준란은 만들지 않되, 행정정보 공동이용을 통한 정보의 확인, 신원조회 등 꼭 필요한 경우에만 주민등록번호란 또는 등록기준지란을 만들 수 있다. 다. 주소변경 시 법령에서 신고 등을 하도록 규정하지 않은 경우, 허가증 · 인가증 · 자격증 · 신고필증 등의 서식에는 주소란을 두지 아니한다. 라. 비고란은 별도로 적을 내용이 있는 경우에만 둔다. 마. 항목의 구분에 따른 하위 항목은 위계에 따라 배열하되 3단계를 초과할 수 없다. 바. 항목의 일련번호(① 등)는 적지 아니하되, 필요에 따라 적는 경우에는 왼쪽에서 오른쪽으로, 위에서 아래의 순서로 적는다. 사. 계산이 필요한 숫자 란은 계산순서를 고려하여 상 · 하 · 좌 · 우로 배열하고 계산 부호를 붙일 수 있다. 아. 특별한 사유가 없는 경우에는 글자별, 숫자별 구획은 만들지 않는다.

구분	설계기준
4. 표	가. 쉽게 인지할 수 있고 행정정보시스템 등에서 문답식 선택적 입력방식을 쉽게 채택할 수 있도록 유사한 성격의 항목을 하나로 모아 표로 구분한다. 나. 다음의 표는 위에서부터 아래로 순서대로 배치하되 필요한 경우 표를 생략하거나 그 위치를 조정할 수 있다. ① 접수(발급)번호 · 접수일 · 발급(발행)일 · 처리기간 : 상단 서식 명칭 다음 줄 ② 신청인 인적사항 : 접수(발급)번호 다음 줄 ③ 신청내용 : 신청인 인적사항 표 다음 줄 다. 다음의 표는 서식의 앞쪽 또는 뒤쪽 아래에서부터 위로 순서대로 배치하되, 필요한 경우 표를 생략하거나 그 위치를 조정할 수 있다. ① 업무처리 절차 : 서식 용지의 규격 및 지질 표시 위 ② 작성방법 : 업무처리절차 표 윗줄 ③ 유의사항 : 작성 방법 표 윗줄 ④ 행정정보 공동이용 동의서 : 유의사항 표 윗줄 ⑤ 첨부서류 · 수료 : 행정정보 공동이용 동의서 표 윗줄
5. 선	가. 선은 기본적으로 실선을 사용하되, 절취선은 점선으로 표시한다. 나. 선의 굵기는 0.12㎜를 기본으로 하되, 예외로 정하는 항목은 다음과 같다. ① 표의 좌 · 우측 테두리 : 표시하지 않음 ② "000 귀하" 또는 "신청인 서명 또는 인" 다음의 마감선과 절취선 : 0.7㎜ 다. 선의 색상은 회색을 기본으로 하되, 표의 상 · 하 테두리 선은 검정색으로 한다.
6. 칸	가. 한 칸의 높이는 8.5㎜로 하는 것을 원칙으로 하되, 주소 등과 같은 정보량이 비교적 많은 항목의 경우에는 8.5㎜의 배수로 할 수 있다. 나. 칸은 불규칙적 배열을 방지하기 위하여 설정한 가상의 세로 기준선에 따라 일정한 폭으로 구분하되, 성명란은 한글 15자 이상, 주민등록번호란은 한글 7자 이상 쓸 수 있는 공간을 확보한다. 다. 바탕색은 기본적으로 흰색(하양)을 사용하고 공무원이 작성하는 칸과 작성방법 등 알림항목의 제목 칸은 회색으로 하되, 필요한 경우 부분적으로 적절한 명도와 채도의 색상을 사용할 수 있다.

구분	설계기준
7. 글자	가. 글자는 줄 또는 칸의 왼쪽부터 쓰되, 예외로 정하는 항목은 다음과 같다. ① 서식 명칭 : 가운데 ② 기입란을 구분하는 선이 없는 칸의 제목 : 왼쪽 상단 ③ 항목 제목을 적은 칸 : 가운데 ④ 제출 연월일, 서명 또는 날인 : 오른쪽 나. 서식 명칭의 글꼴은 견고딕, 그 외의 글자는 돋움체로 하되, 필요한 경우 다른 글꼴을 사용할 수 있다. 다. 글자의 굵기는 보통굵기로 하되, 민원인 또는 담당 공무원이 인지해야 할 필요가 있는 주요 사항과 서식 명칭은 굵은 글꼴로 한다. 라. 글자 크기는 10pt를 기본으로 하고 "( )" 안의 글씨는 9pt로 하되, 예외로 정하는 항목은 다음과 같다. ① 서식 명칭 : 16pt ② 시장 · 군수 등 행정기관 명칭 : 13pt ③ 첫 번째 항목의 제목 : 11pt(두번째 항목부터는 1pt 씩 작은 글씨로 한다) ④ 접수번호 등 공무원 기재란의 제목과 "년 · 월 · 일" : 9pt ⑤ 유의사항 : 작성방법 등 알림사항, 첨부서류 및 수수료, 서식 · 용지 정보, "서명 또는 인" : 8pt 마. 글자 색상은 검정색을 기본으로 하고 필요한 경우 부분적으로 다른 색상을 사용하되, "서명 또는 인" 글자는 회색으로 한다.
8. 한글과 병기하는 외국글자	가. 단어를 병기하는 경우 한글의 오른쪽에 괄호를 하고 그 안에 쓰되, 병기할 때 줄이 바뀌게 되는 경우와 병기할 외국 글자가 "년 · 월 · 일", "서명 또는 인", "신청인"에 관한 것인 경우에는 한글 아래에 쓸 수 있다. 나. 문장을 병기하는 경우 한글 문장이 끝나는 줄의 다음 줄에 한글 문장의 첫 글자와 같은 위치에서부터 쓰되, 하나의 문장으로서 한 줄에 한글과 외국글자를 모두 적을 수 있는 경우에는 한글문장의 오른쪽에 쓸 수 있다. 다. 한글과 병기하는 외국글자의 크기는 한글보다 1pt 작게 하고, 글꼴 및 색상 등은 한글과 동일하게 한다.
9. 특수기호	전자적으로 입력하기 어렵거나 전자화 과정에서 오류가 많이 발생할 수 있는 특수기호는 사용하지 않는다. 예 : √ 표시를 하도록 하는 란은 □를 사용하지 않고 [ ]을 사용한다.

3-3 서식의 승인 및 관리

1. 서식의 승인

1) 서식의 승인기관

(1) 행정안전부장관

중앙행정기관의 법령으로 제정하는 서식

(2) 중앙행정기관의 장

① 승인 : 중앙행정기관 및 그 소속기관의 훈령 · 고시 · 예규 등으로 제정 또는 개정하는 서식

② 자체심사 : 중앙행정기관의 법령에 의하여 제정된 서식을 변경하려는 경우에는 해당 중앙행정기관의 장은 제28조(서식설계의 일반원칙)에 따른 원칙과 기준에 따라 자체심사를 하여야 한다.

③ 지방자치단체 또는 지방교육행정기관의 장 : 지방자치단체의 조례 · 규칙 · 훈령 · 고시 · 예규 등으로 제정 또는 개정하는 서식

2) 서식 승인의 신청

① 승인신청서 제출* : 서식의 승인을 받고자 하는 행정기관

* 「행정효율과 협업촉진에 관한 규정」 제30조 및 동 규정 시행규칙 25조 참조.

의 장은 입법예고와 동시에 서식목록과 서식초안을 첨부하여 문서로 승인을 신청하여야 한다. 이 경우 서식초안은 컴퓨터 등 정보처리능력을 가진 장치로 작성한다.

② 관계기관 간 사전협의 : 둘 이상 기관의 업무에 관계되는 서식은 관계기관 간의 사전협의를 거쳐 승인을 신청하여야 한다.

3) 승인서식의 통보

승인기관이 서식을 승인한 때에는 서식목록과 승인 서식 안을 첨부하여 문서로 승인신청기관에 통보하여야 한다.

2. 서식의 관리

1) 서식의 전자적 제공

행정기관장은 국민이 편리하게 사용할 수 있도록 소관업무와 관련된 서식을 정보통신망을 이용하여 제공하여야 한다.*

2) 서식의 변경 및 폐지

(1) 서식의 변경사용

승인된 서식을 업무관리시스템, 행정정보시스템 등에서 그대로 사용할 수 없는 경우에는 서식의 주요 내용을 변경하지 아니하는 범위에서 기재항목 또는 형식을 변경할 수 있다. 이 때에 단순히 자구, 활자크기, 용지의 지질 등을 변경하여 사용할 수 있다. 이 경우 서식 승인기관에 사후 통보로 승인을 갈음할 수 있다.**

---

* 「행정효율과 협업촉진에 관한 규정」 제31조 참조.

** 「행정효율과 협업촉진에 관한 규정」 제29조 제3항 참조.

(2) 서식의 폐지

서식 제정기관이 서식을 폐기한 때에는 지체 없이 그 사실을 승인기관에 통보하여야 한다.

(3) 해당 국가 언어의 병기

재외공관의 장은 재외공관에서 사용하는 서식에 그 국가의 언어를 병기하여 사용하게 하거나 그 국가의 언어로 번역한 서식을 사용하게 할 수 있다.*

* 「행정효율과 협업촉진에 관한 규정」 제32조 참조.

제 4 장

관인관리

4-1 관인에 대한 개요

1. 관인의 개념

관인(官印)이란 일반적으로 정부기관에서 공식문서에 사용하는 인장을 말한다.

「행정효율과 협업촉진에 관한 규정」에서는 행정기관*의 명의로 발신하거나 교부하는 문서에 사용하는 청인(廳印)과 행정기관의 장**이나 보조기관***의 명의로 발신하거나 교부하는 문서에 사용하는 직인(職印)으로 구분한다.

관인은 기관의 명으로 발송 또는 교부·발행되는 문서에 사용하는 청인과 기관의 장 또는 보조기관의 명의로 발송 또는 교부하는 문서에 사용하는 직인을 총칭하는 말이다.

지방자치단체의 기관이 사용하는 직인 및 청인은 국가기관의 관인에 대하는 개념으로 공인이라는 용어도 사용하고 있으나, 일반적으로 관인이라 하면 공인을 포함한 개념이라 할 수 있다.

---

* 행정기관이라 함은 합의제(合議制) 행정기관을 의미한다. 기관 구성자가 다수인이며, 다수인의 의사가 합치(다수결)에 의하여 결정을 내리고, 책임을 지는 행정기관으로서 국가인권위원회, 국민권익위원회, 방송통신위원회, 공정거래위원회, 금융위원회, 소청심사위원회, 중앙노동위원회 등이 있다.

** 독임제(獨任制) 행정기관의 장 또는 합의제 행정기관의 장을 의미한다.

*** 행정기관의 장으로부터 법령「행정권한의 위임 및 위탁에 관한 규정」이 정하는 바에 의하여 사무를 위임받아 그 범위 안에서 행정기관으로서 사무를 수행하는 때의 보조기관을 말한다.

참고로 각급 기관에서 관인과 함께 사용하는 계인(契印)이 있다. 이는 등·초본, 각종 증명서를 발급할 때에 보다 확실한 증명을 위하여 발급대장과 증명서 간에 걸쳐서 찍는 사무용 도장의 한 유형일 뿐 관인이라고는 볼 수 없다.

2. 관인의 효력*

1) 행정기관의 장 또는 합의제 기관의 명의로 발신 또는 교부하는 문서에는 관인(전자이미지관인 또는 행정기관장의 서명도 가능)을 찍는다.
2) 관인생략의 대상문서를 제외하고는 관인이 날인되지 아니한 문서는 흠이 있는 문서로서 해당문서를 시행한 행정기관에 보완을 요청할 수 있다.
3) 문서를 접수한 행정기관의 장은 형식상의 흠을 이유로 발신행정기관의 장에게 반송할 수 있다.

* 「행정효율과 협업촉진에 관한 규정」 제14조 및 동 시행규칙 제16조 참조.

4-2 관인의 종류 및 규격

1. 관인

종류	비치기관
청인	의결기관 · 자문기관 기타 합의제기관 (자문기관은 필요한 경우에 한하여 청인을 가질 수 있음)
직인	• 위 청인 사용기관(합의제 기관) 외의 각급 행정기관의 장 (독임제 행정기관) • 정부조직법 제6조 제2항의 규정에 의하여 위임받은 사무를 행정기관으로서 처리하는 보조기관 • 법령에 의하여 합의제기관의 장으로서 사무를 처리하는 경우의 합의제 기관의 장 ☆ 직인은 그 직의 서리(署理)도 사용할 수 있다(규칙 제27조).

註1) 의결기관 : 행정에 관한 의사를 결정할 수 있는 권한을 가지는 기관으로서 내부적으로 기관의 의사를 결정할 수 있을 뿐, 그것으로써 외부에 대하여 해당 기관을 대표할 수 없다. 도시계획위원회, 행정심판위원회 등이 있다.

註2) 자문기관 : 행정관청의 자문에 응하거나 의견을 진술하는 기관으로서 의결권이 없고, 행정관청은 그 의견에 법적으로 구속되지 아니한다. 심의회 · 협의회 · 위원회 등이 있다.

註3) 서리(署理) : 행정기관의 장이 사망 · 해임 등의 사유로 궐위된 경우 새로운 기관장이 정식으로 임명되기 전에 일시 대리자를 지정하여 그로 하여금 권한을 행사하게 하는 것 또는 사람을 말한다.

2. 특수관인

1) 행정기관의 장은 외교부 및 재외공관에서의 외교문서에 사용하는 등 특수한 업무처리에 사용하는 관인을 따로 가질

수 있다.

2) 특수관인도 관인의 범주에 들어간다. 다만, 일반적인 관인과 구별하기 위하여 특수관인이라는 용어를 사용한다.

3) 특별한 용도에 사용하는 관인은 해당 기관의 관인 외에 따로 비치하여 사용한다.*

<table>
<tr><th>구분</th><th>종류</th><th>관련규정 또는 관인등록기관</th></tr>
<tr><td>특별한 기관에서 사용하는 관인</td><td>• 각급학교에서 사용하는 관인
• 군 기관에서 사용하는 관인
• 검찰기관이 사용하는 관인</td><td>• 소속 중앙행정기관의 장
– 국립 및 공립 각급 학교 관인 규칙(교육부장관)
– 국군 각 기관 관인 규격규정 (국방부 장관)
– 검찰청 관인관리규칙 (법무부 장관)</td></tr>
<tr><td rowspan="4">특별한 용도에 사용하는 관인 (당해 기관의 관인 외 따로 비치사용)</td><td>외교부 및 재외공관에서 외교문서에 사용하는 관인</td><td>• 외교부장관
– 외무관인규칙</td></tr>
<tr><td>세입징수관 · 지출관 회계 기타 재무에 관한 사무를 담당하는 공무원의 직인</td><td>• 기획재정부장관
– 회계관계공무원 직인규칙</td></tr>
<tr><td>유가증권 기타 특수한 증표발행에 필요한 관인</td><td rowspan="2">• 중앙행정기관
– 행정안전부에 등록
• 기타
– 직근 상급기관에등록
「행정효율과 협업촉진에 관한 규정」 및 시행규칙</td></tr>
<tr><td>• 민원업무 등 특수 업무를 처리하기 위한 관인
• 분리된 청사에서 사용하는 관인</td></tr>
</table>

3. 관인의 규격(모양과 크기)

관인의 모양은 행정기관의 장이 정한다.** 관인의 모양은 정사각

* 「행정효율과 협업촉진에 관한 규정」 제34조 제1,2항 참조.

** 「행정효율과 협업촉진에 관한 규정」 제35조 참조.

형, 직사각형, 마름모, 원형, 타원형, 다각형 등 다양한 모양으로 새겨서 사용할 수 있다.

그 크기는 아래의 규격을 초과할 수 없다(영 제35조, 별표1)

(단위 : cm)

구분		한 변의 길이
청인	• 국무회의 • 기타의 합의제기관	5.4 3.6
직인	• 대통령 • 국무총리 • 행정기관의 장	4.5 3.6 3

※ 위 길이는 사각형인 경우 한 변의 최대 길이, 원 또는 다각형인 경우에는 최대의 지름 또는 대각선을 말한다.

4. 특수관인의 규격(모양과 크기)

특수관인은 해당 업무의 특수성을 감안하여 그 모양을 원형 또는 타원형 등으로 할 수 있으며, 그 크기는 용도에 적합한 크기로 만들 수 있다.

4-3 관인의 조각 및 사용

1. 재료

관인의 재료는 쉽게 마멸되거나 부식되지 아니하는 재질을 사용한다.

2. 관인의 글자 및 인영의 색

관인의 글자는 한글로 하여 가로로 새기되, 국민이 쉽고 간명하게 알아볼 수 있도록 하여야 하며, 그 기관 또는 직위의 명칭에 "인" 또는 "의인"자를 붙인다.*

<예시>

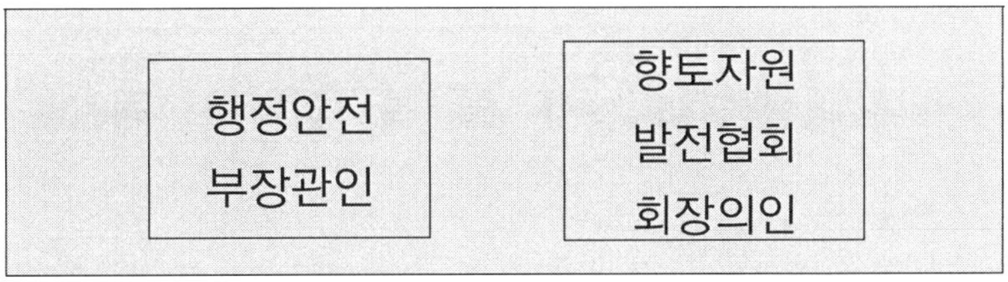

민원업무 등 특수 업무를 처리하기 위한 관인은 그 업무의 집행을 위해서만 사용되는 것임을 그 인영에 명시한다.**

인영의 색깔은 빨간색으로 한다. 다만 문서를 출력 또는 복사하여 시행하거나 팩스를 통하여 접수하는 경우에는 검정색으로 할 수 있다.***

<예시>

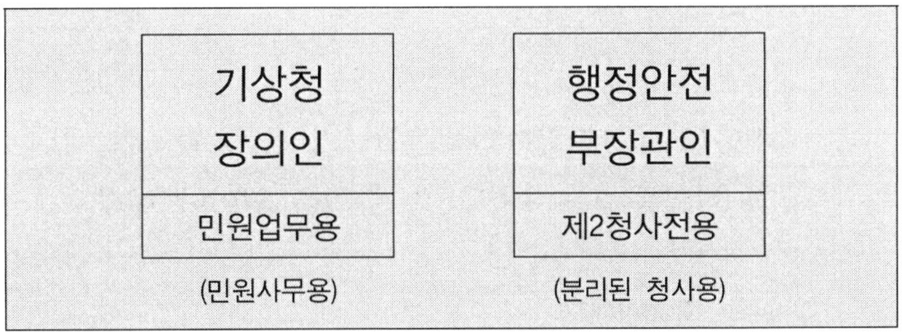

---

* 「행정효율과 협업촉진에 관한 시행규칙」 제28조 참조.

** 「행정효율과 협업촉진에 관한 시행규칙」 제28조 참조.

*** 「행정효율과 협업촉진에 관한 시행규칙」 제26조 참조.

3. 찍는 위치

관인은 그 기관 또는 직위의 명칭의 "끝"자가 인영의 가운데 오도록 찍는다.* 다만, 등·초본 등 민원서류를 발급하는 직인의 경우에는 발급기관장 표시의 오른쪽 여백에 찍을 수 있다.

<예시>

서 울 특 별 시	장

4. 인영의 인쇄사용**

1) 대상문서

관인을 찍어야 할 문서로서 다수의 수신자에게 동시에 발신 또는 교부하거나 알리는 문서에는 관인의 날인에 갈음하여 관인의 인영을 인쇄하여 사용할 수 있다.

2) 인쇄사용 승인

관인의 인영을 인쇄하여 사용하고자 할 때에는 처리과의 장은 인쇄용도 · 인쇄 량 · 인쇄관인규격 등에 관하여 관인 관리부서의 장과 협의를 거쳐 기관장의 승인을 얻어야 한다.

3) 축소인쇄

인영을 인쇄할 때에는 해당 관인의 규격대로 인쇄하여야 하나, 업무수행에 지장이 없다고 인정되는 때에는 문서의 크기나 용도에

---

* 발신명의 표시의 마지막 글자가 인영의 가운데에 오도록 하는 것을 말한다.

** 「행정효율과 협업촉진에 관한 규정」 제14조 및 동 시행규칙 제11조 참조.

따라 인영의 크기를 적절히 축소 인쇄하여 사용할 수 있다.

4) 인쇄용지 사용내역 기록 · 유지

관인의 인영을 인쇄하여 사용하는 처리과의 장은 다른 법령에 특별한 규정이 없는 한 관인인쇄용지 관리대장(규칙 제5호 서식)을 비치하여 그 사용내역을 기록 · 유지하고, 인쇄용지가 용도 외로 잘못 사용되거나 유실되지 않도록 관리한다.

5. 전자이미지 관인의 제출 및 관리*

둘 이상의 행정기관이 공동으로 사용하는 행정정보시스템을 구축 · 운영하는 행정기관의 장은 그 행정정보시스템에 전자이미지 관인을 전자입력하기 위하여 그 행정정보시스템을 사용하는 행정기관의 장에게 전자이미지 관인을 제출하게 할 수 있다.

전자이미지 관인을 제출한 행정기관의 장은 전자이미지 관인을 재등록하거나 폐기하려는 경우 그 사실을 지체 없이 행정정보시스템 운영기관장에게 통보하여야 한다.

전자이미지 관인을 재등록하거나 폐기한 행정기관의 장은 공동으로 사용하는 행정정보시스템에 재등록한 전자이미지 관인을 전자입력하거나 폐기한 전자이미지 관인을 삭제하여야 한다. 다만, 직접 전자이미지 관인을 전자입력하거나 삭제할 수 없는 경우에는 행정정보시스템 운영기관장이 재등록된 전자이미지 관인을 제출받아 전자입력하거나 폐기된 전자이미지 관인을 삭제할 수 있다.

다른 행정기관의 전자이미지 관인을 제출받은 행정기관의 장은 별지 제10호 서식의 전자이미지 관인 관리대장에 해당 관인의 인영을 등재하여 관리하여야 한다.

* 「행정효율과 협업촉진에 관한 규정」 제38조 참조.

4-4 관인의 등록 및 재등록

1. 등록 및 재등록 사유

1) 행정기관이 신설 또는 분리된 경우
2) 기존기관의 명칭이 변경된 경우
3) 관인을 분실하거나 마멸된 경우
4) 법령에 의하여 권한을 위임받은 경우
5) 기타 관인을 다시 새길 필요가 있는 경우 등

2. 등록(재등록)기관*

행정기관은 관인의 인영을 해당 행정기관의 관인대장, 전자이미지관인의 인영을 해해 행정기관의 전자이미지관인대장에 각각 등록(재등록)하여야 한다. 다만, 부득이한 경우에는 바로 위 상급기관에서 등록(재등록)할 수 있다.

3. 등록절차

1) 관인 등록방법

(1) 행정기관이 직접 등록(재등록)하는 방법

행정기관이 관인대장(규칙 별지 제7호 서식)에 관인을 등록(재등

* 「행정효율과 협업촉진에 관한 규정」 제36조 제1항 참조.

록)하여 보존한다. 이 경우 내부결재를 받아 등록(재등록)한다.

(2) 바로 위 상급기관에 등록(재등록)하는 방법

바로 위 상급기관에 관인 등록(재등록)을 신청(규칙 별지 제9호 서식)하여 바로 위 상급기관에서 그 상급기관의 관인대장에 등록(재등록)한다.

2) 전자이미지 관인 등록방법

① 전자이미지 관인은 관인의 인영(印影)을 컴퓨터 등 정보처리능력을 가진 장치에 전자적인 이미지 형태로 입력하여 사용하는 것을 말한다.*

② 전자이미지 관인은 문서과에서 관리하는 전자이미지 관인대장(규칙 별지 제8호 서식)에 등록(재등록)하고, 전자이미지 관인 컴퓨터 파일은 정보화 담당 부서에서 관리하여야 한다.

③ 바로 위 상급기관에 전자이미지 관인을 등록(재등록)하고자 하는 때에도 신청하여야 한다.

④ 전자이미지 관인을 등록하는 때에는 문서과에서 관인의 인영을 전자이미지 관인대장의 해당란에 찍고, 정보화 담당 부서에서 그 찍은 인영을 전자적인 이미지 형태로 컴퓨터 파일에 입력한 후 이를 출력하여 전자이미지 관인대장의 해당란에 붙여야 한다.

⑤ 전자이미지 관인을 사용하는 기관은 관인을 폐기하거나 재등록한 경우 즉시 사용 중인 전자이미지관인을 삭제하고, 재등록한 관인의 인영을 전자이미지 관인으로 재등록하여

---

* 「행정효율과 협업촉진에 관한 규정」 제3조 제9호 참조.

사용한다. 또한 사용 중인 전자이미지 관인의 인영의 원형이 제대로 표시되지 아니하는 경우에도 전자이미지 관인을 재등록하여 사용하여야 한다.*

4-5 관인의 폐기

1. 폐기사유

1) 관인을 분실 혹은 마멸된 경우
2) 행정기관의 명칭이 변경된 경우
3) 행정기관이 폐지된 경우
4) 기타 관인을 폐기할 필요가 있는 경우

2. 폐기 또는 폐기신고**

1) 폐기

관인등록기관이 관인을 폐기하고자 할 때에는 관인대장에 관인 폐기내역(폐기일과 폐기사유)을 기재하고, 그 관인의 인영(印影)을 등록·보존하고, 그 관인은 관인폐기 공고문과 함께 「공공기록물 관리에 관한 법률」에 따른 영구기록물관리기관(국가기록원 또는

* 「행정효율과 협업촉진에 관한 규정」 제37조 제3, 4항 참조.
** 「행정효율과 협업촉진에 관한 규정」 제37조 제1, 2항 및 시행규칙 제30조 1, 3항 참조.

지방기록물관리기관)에 이관하여야 한다. 바로 위 상급기관이 하급기관으로 관인폐기 신고를 받은 경우에도 또한 같다.

2) 폐기신고

바로 위 상급기관에 등록된 하급기관의 관인을 폐기하고자 하는 경우에는 관인폐기신고서(별지 제9호 서식)에 폐기대상 관인을 첨부하여 관인 등록기관(바로 위 상급기관)에 신고하여야 한다.

3. 관인의 공고

1) 공고 사유*

① 관인을 등록 또는 재등록한 경우
② 관인을 폐기한 경우

2) 공고 내용

관인 등록기관이 관인을 공고할 때에는 다음 내용이 포함되어야 한다.

① 관인의 등록 · 재등록 또는 폐기 사유
② 등록 · 재등록 관인의 최초 사용 연월일 또는 폐기관인의 폐기 연월일
③ 등록 · 재등록 또는 폐기관인의 이름 및 인영
④ 공고 기관의 장

3) 공고 방법

관인 등록기관은 공고 사유가 발생한 때에는 행정안전부장관에

---

* 행정안전부령으로 정하는 바에 따라 그 사실을 관보에 공고하여야 한다.

게 관보게재를 의뢰하여 공고하여야 한다. 다만, 지방자치단체는 조례가 정하는 바에 의한다.*

4. 전자이미지관인의 공고

관인등록기관은 전자이미지 관인을 등록 · 재등록한 때에는 전자이미지관인임을 표시하여 공고하여야 한다.

* 관인을 폐기하고 재등록을 할 경우에는 재등록 공고와 함께 폐기등록 공고를 할 수 있다.

제 5 장

행정업무의 효율적 수행

5-1 행정협업

1. 행정협업의 촉진

1) 행정협업의 의미와 과제

행정협업이란 업무의 효율성을 높이고 행정서비스에 대한 국민의 만족도를 높이기 위하여 다른 행정기관과 공동의 목표를 설정하고 해당 행정기관 상호 간의 기능을 연계하거나 시설·장비 및 정보 등을 공동으로 활용하는 방식의 행정기관 간 협업을 말한다.

아울러 각 기관의 장은 행정협업에 적합한 업무과제를 발굴하여야 하고, 발굴한 행정협업과제 수행을 위하여 노력하여야 한다.*

2) 행정협업의 필요성

① 환경변화에 대한 신속하고 능동적인 대응

② 공공서비스의 중복·사각지대 해소

③ 자원의 효율적 활용

3) 행정협업 대상 업무

① 다수의 행정기관이 공동으로 수행할 필요가 있는 업무

② 다른 행정기관의 행정지원을 필요로 하는 업무

③ 법령에 따라 다른 행정기관의 인가·승인을 거쳐야 하는 업무

* 「행정효율과 협업촉진에 관한 규정」 제41조 제1항 참조.

④ 행정기관 간 행정정보의 공유 또는 행정정보시스템의 상호 연계나 통합이 필요한 업무

⑤ 그 밖에 다른 행정기관의 협의 · 동의 및 의견조회 등이 필요한 업무

4) 행정협업의 핵심요소

① 수요자 관점 : 공급자 관점의 편의주의적 행정을 지양하고 고객의 요구를 파악, 반영하여 실질적인 문제해결 방안을 모색한다.

② 공동의 목표 : 구체적인 목표를 설정하고, 이를 기관 간에 공유한다.

③ 기관 간 협력 : 목표달성을 위해 각 기관의 기능을 효율적으로 연계하거나 시설 · 설비 · 정보 등을 공유하고, 공동으로 활용한다.

④ 새로운 가치 창출 : 비용을 절감하면서 더 좋은 서비스를 제공하여 시너지 효과를 창출한다.

2. 협업과제의 발굴과 등록*

1) 행정협업과제의 발굴과 등록

① 행정기관의 장은 협업과제를 발굴하여 행정협업시스템에 등록 · 관리하여야 한다.

② 협업과제를 등록하려 할 때에는 과제를 공동으로 수행할 관련 행정기관의 장과 사전에 협의하여야 하며, 협의 요청

* 「행정효율과 협업촉진에 관한 규정」 제42조 참조.

을 받은 행정기관의 장은 협조하여야 한다.

2) 과제 등록사항

① 행정협업과제의 주관부서 및 과제담당자와 협업부서 및 담당자

② 행정협업과제와 관련된 다른 행정기관과의 단위과제

③ 행정협업과제의 이력 및 내용, 취지

④ 그 밖에 행정안전부장관이 정하는 사항

3) 협업과제 추가 발굴 등

(1) 협업과제 추가 발굴

행정안전부장관은 행정협업을 촉진하기 위하여 행정기관의 장이 발굴한 행정협업과제 외의 행정협업과제를 추가로 발굴할 수 있다.

(2) 행정협업 수요조사

행정안전부장관은 행정기관, 국민, 공공기관, 민간기업 또는 단체 등을 대상으로 다음 각 호의 사항과 관련된 행정협업 수요현황 및 애로사항 등을 조사할 수 있다.

① 목표달성을 위하여 다수의 행정기관이 함께 협력할 필요가 있고 구심적 역할을 수행하는 행정기관이 필요한 정책 또는 사업

② 행정기관 간 협력을 통하여 비용, 예산을 절감할 수 있는 정책 또는 사업

③ 행정기관 간 이해상충 가능성이 높아 이견에 대한 협의·조정이 필요한 정책 또는 사업

④ 그 밖에 관련 행정기관과의 협의결과 행정협업과제 발굴을 위하여 필요하다고 인정하는 사항

(3) 과제 관련 학회 등 조사 의뢰

행정안전부장관은 조사의 전문성 및 효율성을 높이기 위하여 필요한 경우에는 행정안전부장관이 정하는 바에 따라 관련 학회 등 연구단체, 전문기관 또는 민간 기업에 수요조사의 일부 또는 전부를 의뢰할 수 있다.

4) 행정협업과제의 점검 · 관리 · 지원*

① 행정협업과제를 수행하는 행정기관은 관련 행정기관과 협조하여 그 진행상황을 지속적으로 점검하여야 한다.
② 행정기관의 장은 그 행정기관의 행정협업과제의 수행성과를 평가 · 분석하고 체계적으로 관리하여야 한다.
③ 행정안전부장관은 필요하다고 인정하거나 관련 행정기관이 요청한 경우에는 행정협업과제 수행에 필요한 지원을 할 수 있다.
④ 행정안전부장관은 행정협업과제의 발굴 및 수행과정에서 관련 행정기관 간 이견이 발생하는 경우 관련 행정기관 협업책임관 간의 회의 등을 통하여 원활한 협의가 이루어질 수 있도록 필요한 지원을 할 수 있다.

* 「행정효율과 협업촉진에 관한 규정」 제44조 참조.

5) 협업책임관 제도

(1) 협업책임관 임명 및 주요 업무*

행정기관의 장은 소속 기획조정실장 또는 이에 준하는 직위의 공무원을 해당 행정기관의 행정협업에 관한 업무를 총괄하는 책임관으로 임명하여야 하며, 그 주요업무는 다음과 같다.

① 행정협업 과제 발굴 및 수행의 총괄

② 행정정보시스템의 다른 행정기관과의 연계 및 효율적 운영에 관한 총괄 관리

③ 행정협업촉진을 위한 행정업무 절차, 관련제도 등의 정비 · 개선

④ 행정협업 과제 수행과 관련된 다른 행정기관과의 협의 · 조정

⑤ 공공기관, 기업, 단체 등과의 협업추진에 관한 업무를 총괄하는 부서의 지정 · 운영

⑥ 그 밖에 행정협업의 촉진을 위하여 필요한 업무

(2) 행정협업시스템 등록

행정기관의 장은 협업책임관을 임명한 경우에는 행정안전부장관이 정하는 바에 따라 그 사실을 행정협업시스템에 등록하여야 한다.

* 「행정효율과 협업촉진에 관한 규정」 제46조 참조.

6) 행정협업 수행과 사업추진

(1) 행정협업과제 수행 협의체 구성 및 업무협약

행정기관의 장은 행정협업과제의 효율적 수행을 위하여 필요한 경우 행정기관과 협의체를 구성하거나 행정협업과제의 목적, 협력 범위 및 기능분담 등에 관한 업무협약을 체결할 수 있다.*

(2) 행정정보시스템 상호 연계 및 통합

행정협업과제를 수행하는 행정기관의 장은 행정협업과제의 원활한 추진을 위하여 행정기관 간 행정정보시스템의 상호연계나 통합을 적극적으로 추진하여야 하고, 행정안전부장관은 이에 필요한 지원을 할 수 있다.**

(3) 행정협업조직 설치 및 시설 등 확보

행정기관의 장은 여러 행정기관이 수행하는 사무의 목적, 대상 또는 관할구역 등이 유사하거나 연관성이 높은 경우 관련 기능, 업무처리절차 및 정보시스템 등을 연계·통합하거나 시설·운영 등을 공동으로 수행하는 행정협업조직을 설치·운영할 수 있으며, 이에 필요한 공동운영규정을 제정할 수 있다.***

(4) 행정협업문화 조성을 위한 사업추진

① 행정업무 우수사례의 발굴·포상 및 홍보

---

* 「행정효율과 협업촉진에 관한 규정」 제45조 참조.

** 「행정효율과 협업촉진에 관한 규정」 제46조의 4 참조.

*** 「행정효율과 협업촉진에 관한 규정」 제46조의 5,6 참조.

② 행정협업 활성화를 위한 자문 등 전문인력 및 기술지원
③ 행정협업 활성화를 위한 포럼 · 세미나 개최 및 교육콘텐츠의 개발 · 보급
④ 행정협업 활성화를 위한 정책연구 및 제도개선 사업
⑤ 행정협업 활성화를 위한 사무공간 혁신 등 조직문화 조성
⑥ 그 밖에 행정협업의 활성화에 필요한 사업

(5) 국제협력 추진

행정안전부장관은 행정협업의 참고사례 발굴 및 우수사례의 전파, 전문 인력의 양성 및 교류, 관련 전문기술의 확보 등을 위하여 국제협력을 적극적으로 추진하여야 한다.

(6) 협업소통을 위한 사무 공간 마련

행정기관의 장은 행정협업이 원활하게 수행될 수 있도록 조직내 활발한 소통을 유도하는 사무공간을 마련하는데 노력하여야 한다.

(7) 행정협업 우수기관 및 공무원 포상*

행정안전부장관은 행정협업 성과가 우수한 기관을 선정 포상 또는 홍보를 할 수 있으며, 공로가 뚜렷한 공무원 등을 포상 또는 인사상 우대조치를 할 수 있다.

* 「행정효율과 협업촉진에 관한 규정」 제46조의 8 참조.

7) 행정협업시스템

(1) 행정협업시스템 구축과 활용 촉진*

① 행정안전부장관은 행정협업이 원활하게 수행되도록 실시간 의사소통이 가능하고 공동작업 및 실적관리가 필요한 업무를 등록 · 관리할 수 있는 전자적 협업지원시스템을 구축하여야 한다.

② 행정기관의 장은 행정협업시스템을 이용하여 행정협업을 요청하거나 요청받은 행정기관은 관련문서 등을 행정협업시스템을 통하여 공동으로 이용할 수 있어야 한다. 다만, 업무 성질상 행정협업시스템을 통하여 공동으로 이용하는 것이 곤란하거나, 그 밖의 특별한 사정이 있는 경우에는 그러하지 아니하다.

③ 행정기관의 장은 소관업무 중 행정협업시스템을 이용하여 업무를 수행한 실적 등 행정협업시스템 활용 실태를 평가 · 분석하고 그 활용을 촉진하여야 한다.

(2) 행정협업시스템의 기대효과

① 소통 및 행정효율성 향상 : 사용자의 자발적인 참여와 협업 · 소통의 활성화로 불필요한 출장근무를 최소화하여 행정 효율성을 기대할 수 있다.

② 비용 절감 및 생산성 향상 : 영상회의, 메신저, 소셜인트라넷(SNS)** 기반의 의사소통 도구의 다양화로 업무처리 과정

* 「행정효율과 협업촉진에 관한 규정」 제46조의 2의 1,2 및 「행정효율과 협업촉진에 관한 규정」 제46조의3 제1항 참조.

에서 기관 간 협업이 자연스럽게 이뤄질 수 있고, 시간·공간상의 제약을 제거하여 비용절감 및 생산성 향상을 도모할 수 있다.

③ 협업 소통의 편의성과 접근 용이성 : 협업시스템(온-나라 문서, 온-나라 지식)간 통합운영 기반의 환경 제공으로 공무원간의 칸막이 없이 상호 소통·협업이 가능하도록 사용자 편의성 및 접근 용이성을 제공한다.

(3) 기능별 주요 서비스

① 협업방(협업 포인트, 전문가 찾기, PC 영상회의)
② 소통방(담벼락*, 메신저 등)
③ 정보공유(사용자 찾기**, 법령정보, 정보공개 등)

8) 행정협업 조직

(1) 협업과 협업조직의 개요

① 협업의 개념 : 협업(collaboration)은 다수의 행위자·기관이 공동의 목표를 달성하거나 공동의 문제를 해결하기 위해, 공동의 자원과 노력을 투입하여 시너지 효과를 창출하는 집합적 행위(collective activities)이다.

② 협업조직의 개념 : 행정협업조직(collaboration organization)은 다수의 행정기관이 수행하는 사무의 목적, 대상 또는 관할

** Social Network Service로 온라인 상에서 이용자들이 인적네트워크를 형성할 수 있게 해주는 서비스를 말한다.

* 담벼락 게시의 글에 좋아요, 의견달기, 답글 달기, 친구 맺기 등 실시간 소통은 물론 실시간 대화, 쪽지 보내기, 그룹 대화/쪽지 기능 등 실시간 메신저 기능

** 기관 내외의 사용자를 검색하는 기능

구역 등이 유사하거나 연관성이 높은 경우에 관련 기능, 업무 처리절차 및 정보시스템 등을 연계 · 통합하거나 시설 · 인력 등을 공동으로 활용하는 등 협력하여 업무를 수행하는 조직을 말한다.

(2) 협업조직의 필요성

① 문제해결(problem-solving) 정부조직 패러다임 : 복잡 다양한 사회문제 및 행정수요에 대응하여 개별 행정기관이 단독으로 해결하기 어려운 문제를 여러 부처 · 기관이 정책 · 행정서비스 연계 및 협력을 통해 해결

② 국민 · 현장중심의 원스톱 행정서비스(one-stop service) : 행정기관별 분절적인 행정서비스 제공은 국민들에게 불편을 초래, 국민의 관점에서 한곳에서 종합적인 서비스를 받을 수 있고, 기관 간 공유 · 협력을 통해 국민의 불편을 최소화하는 현장중심의 통합 행정서비스 전달체계의 필요성 증대

③ 효율적 정부조직 운영 : 행정기관 · 지역 간 서비스 연계 · 협력을 통해 인력 · 시설 · 장비 등 행정자원을 공동으로 활용, 행정의 효율성 제고

(3) 협업조직의 설치 및 운영사례

가. 행정협업조직의 설치

다수의 행정기관이 수행하는 사무의 목적, 대상, 관할구역 등이 유사하거나 연관성이 높은 경우 관련기능, 업무처리절차, 정보시스템 등을 연계 · 통합하여 시설 · 인력 등을 공동으로 활용하는 등 협력하여 업무를 수행하는 조직을 설치 · 운영할 수 있다.*

* 「행정효율과 협업촉진에 관한 규정」 제46조의 5 제1항 참조.

① 공동운영규정 제정 등 : 행정협업조직은 공동사업 · 홍보, 공동운영비 분담 등 내부운영체계의 효율성 및 책임성 제고를 위해 참여기관 간 긴밀한 행정협력조직의 설치 · 운영을 위하여 필요한 사항을 '공동운영규정(훈령)'을 제정할 수 있다.*

② 공동운영체계 명확성, 협업조직 일체감 제고 : 공동운영규정의 제정을 통해 참여기관 간 임무 · 역할분담 · 협력사항 등 운영체계를 명확히 하고, 행정협업조직의 일체감을 높일 수 있다.

나. 행정협업조직의 성격

① 참여기관 간 협력적 업무수행

② 운영상 효율성 제고

다. 행정협업조직의 운영사례

① 고용복지플러스센터 : 지역 내 일자리와 복지 등 다양한 행정서비스를 한곳에서 제공하여 주민편의성 및 행정효율성 제고

② 참여기관 : 고용노동부, 행정안전부, 보건복지부, 여성가족부, 보훈처, 각 지방자치단체 등

* 「행정효율과 협업촉진에 관한 규정」 제46조의 5 제2항 참조.

5-2 지식행정

1. 지식행정의 개요

1) 지식행정의 개념

지식행정이란 정책의 품질 및 행정서비스 향상을 위한 일련의 활동으로 지식의 창출 · 활용과정을 조직 차원에서 체계적으로 관리하는 것을 말한다.

2) 지식행정의 구성요소

(1) 기반요소

구분	주요내용
전략	기관의 전략 · 목표와 지식행정 전략과의 연계, 목표달성을 위한 핵심지식 창출 등
제도	지식행정의 체계적 추진과 성과창출 법적기반 및 활성화 성과에 대한 평가 · 보상체계 등
조직	범정부적 지식행정 추진체계 및 기관별 지식행정 전담인력 등
정보기술	지식행정시스템, 유관 시스템과의 연계 등
문화	지식행정에 대한 인식, 구성원의 능동적, 자율적 참여
리더십	기관장의 지식행정에 대한 관심, 열정, 지원 등

(2) 활동요소

구 분	주요 내용
지식 창출	새로운 문제 발생 시 문제를 인식하고, 문제해결에 필요한 지식을 창출, 도입, 실행하는 활동
지식 관리	창출된 지식을 수집, 체계적으로 분류하여 조직 내·외부와 공유하는 활동

3) 지식행정의 추진배경

① 지식정보 사회로의 패러다임 변화

② 행정의 생산성 및 전문성 향상

③ 창의적 업무수행으로 행정서비스 질 향상

2. 지식행정 활성화 계획수립 및 시행

1) 행정기관의 지식행정 활성화

행정기관의 장은 해당 기관의 행정정보, 업무 수행의 경험 및 지식의 공동이용 등을 통하여 정책과 행정서비스의 질을 높이는 방식의 행정을 활성화하도록 노력하여야 한다.*

2) 정부 지식행정 활성화

행정안전부장관은 행정기관의 지식행정 활성화를 위하여 다음 각 호의 사항을 포함하는 정부 지식행정 활성화 계획을 매년 수립·시행하여야 한다.**

* 「행정효율과 협업촉진에 관한 규정」 제47조 제1항 참조.

** 「행정효율과 협업촉진에 관한 규정」 제48 참조.

① 정부 지식행정 활성화 추진 전략
② 행정지식관리시스템과 정부통합지식행정시스템의 운영 및 활용 실태의 점검 · 평가에 대한 사항
③ 지식행정 우수사례 발굴 · 포상에 관한 사항
④ 분야별 전문가가 질의에 답변하는 운영방식 등 전문지식 활용 촉진에 관한 사항
⑤ 그 밖에 정부 지식행정 활성화를 위하여 필요한 지원 등에 관한 사항

3. 지식행정 시스템

1) 온-나라 지식시스템

(1) 개념

기관단위로 분산되어 있는 행정지식을 통합 · 연계하여 모든 공무원이 다양한 행정지식을 공유 · 활용하고 정책의견을 교환할 수 있는 정부 내 단일지식창구로서의 지식관리시스템(KMS : Knowledge Management System)을 말한다.

(2) 주요 기능

① 지식 : 정부 내 업무지식을 통합적으로 공유 · 활용할 수 있도록 온-나라 문서, 표준 KMS 등 172종의 시스템과 연계되어 있는 지식통합저장소이다.
② 일정 : 구성원의 스케줄을 날짜와 시간순서에 따라 업무 · 행사 등의 순서로 계획적으로 조정하는 맞춤형 사용자 서비스를 제공한다.

③ 커뮤니티 : 각종 지식활동을 통하여 생산되는 지식을 공유·활용하는 공간이다. 업무관련 공통사안에 대한 협업 및 소통을 위해 '학습형', '연구형'의 형태로 개설·운영되는 사례가 많다.

④ 게시판 : 다양한 의사소통과 각 기관 간의 정책자료를 공유할 수 있는 공간이다. '공지사항', '통합 온-나라 사용법', '질의응답', '제안과 토론' 등으로 구성되어 있다. 특히 정책에 대한 범정부적 협력이 필요하거나 국민적 관심이 집중되는 시책에 대해서는 공직사회부터 먼저 이해할 필요가 있으므로 이를 유용하게 활용할 수 있다.

2) 표준 KMS(Knowledge Management System)

행정기관의 체계적인 지식관리 및 공유·활용을 위해 정부가 지원하는 표준 지식관리시스템이다.

중앙 및 지방자치단체가 자체적으로 구축·운영 중인 기관 KMS에 등록된 지식을 다른 행정기관이 이용할 수 있게 함으로써 범정부적으로 지식을 공유할 수 있도록 하였다.

온-나라 시스템과 KMS를 연계하는 목적은 온라인 결재가 종료된 중앙 및 지방자치단체의 문서관리카드를 정부통합지식행정시스템(GKMC : Government Knowledge Management Center) 내 지식으로 공유, 함께 활용하기 위함이다.

5-3 정책연구 관리

1. 정책연구의 의의 및 종류

1) 정책연구의 의의

정책연구란 중앙행정기관이 정책의 개발 또는 정책현안에 대한 조사 · 연구 등을 목적으로 정책연구과제를 선정하고, 정책연구를 수행할 자와 연구수행에 대한 대가를 지급하는 내용의 계약을 체결하는 방식으로 추진하는 사업을 말한다. 다만, 다른 법률에 따라 체계적으로 관리되고 있는 다음 각 호의 연구는 제외하고 있다.*

① 「과학기술기본법」 제11조에 따른 국가연구개발사업의 연구

② 「학술진흥법」에 따른 학술연구

③ 「국민건강증진법」 제19조에 따른 건강증진사업 관련 조사 · 연구

④ 「예산 및 기금운영 집행지침」 상의 기술 · 전산 · 임상연구와 고객만족도, 전화친절도 등 단순 반복적으로 실시되는 설문조사

⑤ 대가로 지급하는 금액이 1천만 원 이하인 조사 · 연구

⑥ 그 밖에 다른 법령에 따라 관리되고 있는 연구로서 행정안전부장관이 정하는 연구

* 「행정효율과 협업촉진에 관한 규정」 제56조 참조.

2) 정책연구의 종류

(1) 예산편성 기준

정책연구는 예산편성 내역에 따라 중앙행정기관의 정책수행을 위하여 포괄 연구개발비로 추진되는 것과 개별부서 사업예산으로 편성된 연구개발비로 특정 사업 수행의 일부로 추진되는 것으로 구분된다.

구분	포괄 연구개발비	사업별 연구개발비
국회 의결 사항	기관 전체의 정책연구비 규모(전년도 실적을 감안하여 총액으로 편성)	특정사업에 포함된 연구개발비 규모
정책 연구과제 선정단계	- 신청 등에 따라 위원회 심의를 거쳐 정책연구과제 선정 - 기관 자율적으로 연구과제당 연구비 배정	- 연구개발비가 편성된 특정사업과 관련이 있는 내용의 정책연구과제 선정 - 사업별 연구개발비 규모는 국회 의결사항이므로 원칙적으로 변경 불가

(2) 수행방식 기준

위탁형, 공동연구형, 자문형으로 구분한다.

구분	위탁형	공동연구형	자문형
연구 방식	연구자의 단독연구	연구자와 공무원의 지속적 토론을 통한 공동연구	연구자의 단독 연구
결과물 형태	각 기관의 서식에 맞춰 작성된 종합보고서	종합보고서나 업무보고서(업무계획, 진단보고서, 매뉴얼 등)	연구자의 의견 · 아이디어가 정리된 약식보고서
대가 지급	인건비, 일반관리비, 경비 등	인건비, 최소한의 경비(공무원에게는 지급 불가)	인건비, 최소한의 경비

2. 정책연구심의위원회

1) 정책연구심의위원회 설치 · 구성

(1) 설치 및 심의내용*

중앙행정기관의 장은 정책의 개발 또는 주요 정책현안에 대한 조사·연구 등을 목적으로 계약을 통한 정책연구에 관한 다음 각 호의 사항을 심의하기 위하여 '정책연구심의위원회'를 둔다.

① 연구과제 및 연구자의 선정에 관한 사항

② 연구결과의 평가에 관한 사항

③ 연구결과 활용상황 점검 및 공개 등에 관한 사항

④ 그 밖의 정책연구의 체계적인 관리를 위하여 필요한 사항

(2) 위원회의 구성**

① 인적 구성 : 위원회는 위원장 1명을 포함하여 10명 이상 30명 이하의 위원으로 성별을 고려하여 구성하되, 위촉위원이 전체 위원의 과반수가 되어야 한다.

② 위원장 및 위원 : 위원장은 정책연구 업무를 총괄하는 부서의 실 또는 국의 장이 되고, 위원은 해당 기관의 과장급 이상 공무원과 그 기관의 소관 업무에 관한 전문지식과 경험이 풍부한 외부전문가 중에서 중앙행정기관의 장이 지명 또는 위촉하는 사람이 된다. 위촉위원의 임기는 2년으로 하되, 연임할 수 있다.

③ 간사 지정 : 위원장은 위원회의 회의를 소집하고 위원회의

* 「행정효율과 협업촉진에 관한 규정」 제50조 참조.

** 「행정효율과 협업촉진에 관한 규정 시행규칙」 제35조 참조.

사무를 처리하기 위하여 위원장이 속하는 실 또는 국의 과장급 공무원을 간사로 지정하여 다음 사항을 관장하게 한다.

- 위원회의 구성 및 운영에 관한 사무처리
- 연구과제 및 연구자 선정에 관한 회의 안건의 준비
- 정책연구 결과 평가 및 활용상황 점검에 관한 회의 안건의 준비

2) 정책연구심의 소위원회 구성 · 운영*

(1) 필요성

중앙행정기관의 정책연구 과제가 많고 진행 시점이 서로 달라 매번 위원회를 개최하는 어렵고, 과제분야가 다양하여 과제별 외부전문가를 위촉해야 할 필요가 있는 등 위원회의 업무를 효율적으로 수행하기 위하여 소위원회를 둘 수 있다.

위원회의 심의사항 중 연구과제 선정을 제외한 사항에 대한 심의를 소위원회에 위임할 수 있다.

(2) 인적구성

소위원회는 위원장 1명을 포함하여 4명이상 10명 이하의 위원으로 성별을 고려하여 구성하되, 외부위원이 전체 위원의 과반수가 되도록 구성한다.

(3) 위원 참석 배제 기준 등

위원회 또는 소위원회 위원은 본인 또는 본인의 배우자, 4촌 이내의 혈족, 2촌 이내의 인척 또는 그 사람이 속한 기관 · 단체와의

---

* 「행정효율과 협업촉진에 관한 규정」 제50조 및 동 시행규칙 제36조 참조.

정책연구 계약에 관한 심의 · 의결에 관여하지 못한다.

4. 정책연구 과제의 선정

1) 정책연구과제의 선정

(1) 정책연구 관리계획의 수립

중앙행정기관의 정책연구 업무를 총괄하는 부서의 장은 정책연구를 체계적으로 수행하기 위해 매년 포괄 연구개발비와 사업별 연구개발비에 편성된 정책연구 대상사업을 파악한 후 다음과 같은 종합적인 정책연구 관리계획을 수립한다.

① 해당 연도 대상사업별 과제

② 예산 현황

③ 추진체계, 추진방법 및 절차, 추진일정

④ 성과점검 계획

⑤ 수행시 고려사항

(2) 과제 선정*

중앙행정기관의 장은 공정하고 투명하게 정책연구가 추진되도록 위원회의 심의를 거쳐 연구 과제를 선정하여야 하며, 과제별 담당부서의 과장급 공무원을 과제담당관으로 지정하여야 한다. 다만, 다음 각 호의 어느 하나에 해당하는 경우 위원회의 심의를 거치지 아니 한다.

① 긴급하게 정책연구를 할 필요가 있어 연구 과제를 선정하는 경우

---

* 「행정효율과 협업촉진에 관한 규정」 제50조 제1항 참조.

② 예산 편성에 따라 특정사업의 일부로 정책연구 사업이 정해진 경우로서 그 사업을 주관하는 부서의 장이 그 사업의 내용에 따라 연구과제를 선정하는 경우

(3) 포괄 연구개발비로 추진할 경우

① 과제 공모 : 정책연구 총괄부서는 필요한 경우 해당 연도 예산 범위 내에서 정책연구 과제를 공모할 수 있다.

② 과제 신청 : 연구과제 선정에 관하여 위원회의 심의를 거치려면 정책연구과제 심의 신청서와 정책연구과제 차별성 검토보고서를 위원회에 제출하여야 한다. 다만, 선정하려는 연구과제와 유사하거나 중복되는 연구과제에 관한 다른 정책연구가 없는 경우에는 정책연구과제 차별성 검토보고서를 제출하지 아니 할 수 있다.*

③ 위원회 심의 : 위원회는 정책연구과제 심의 시 신청 받은 과제가 기존에 수행된 연구과제와 중복되는지를 검토한 후 중복된다고 판단되는 경우에는 신청대상에서 제외하여야 한다. 위원회는 다음과 같은 사항들을 심의한 후 정책연구과제를 선정한다.

- 연구과제의 적합성
- 정책연구의 방식
- 예산규모 및 계약방법 등의 적정성
- 연구결과 활용 목적의 명확성
- 그 밖에 위원회에서 정하는 기준 등

---

* 「행정효율과 협업촉진에 관한 규정 시행규칙」 제37조 제1항 및 별지 제10호의 2, 3 서식 참조.

④ 과제 담당관의 지정 : 심의가 완료되면 신청부서에 심의결과를 통보하고, 확정된 정책연구과제 소관 부서의 과장급 공무원을 과제담당관으로 지정한다.

(4) 개별부서 사업별 연구개발비로 추진할 경우

① 과제선정 : 예산편성에 따라 특정사업의 일부로 정책연구사업이 정해진 경우 위원회의 심의를 거치지 않고 해당 부서의 장이 정책연구 과제를 직접 선정한다.

② 과제선정 보고 : 부서의 장은 연구과제를 선정한 경우 정책연구 과제의 차별성 검토보고서, 선정 결과 보고서를 작성, 위원회에 보고하여야 한다.*

(5) 긴급하게 정책연구를 추진할 경우

예산편성 과정에서 예측할 수 없었던 정책연구 수요가 발생하여 해당 연도에 이를 긴급하게 추진하여야 할 필요가 있는 경우 과제 담당 부서의 장은 그 사유를 명시한 정책연구과제 심의신청서를 위원회에 제출하고, 위원장은 과제의 중복 여부 등 위원회에 심의사항을 검토한 후 위원회의 심의를 거치지 않고 예산범위 내에서 정책연구 과제를 선정할 수 있다.

2) 연구과제의 중복 선정 금지

정책연구 과제 선정 시 해당기관은 물론 다른 행정기관이나 정부의 출연 · 보조 또는 지원을 받은 연구기관, 관련 학회 등에서 이미 연구가 완료되었거나 수행하고 있는 연구과제와 중복되는 연구 과

---

* 「행정효율과 협업촉진에 관한 규정 시행규칙」 제51조 제1항 및 제37조 제2항 및 별지 제10호의 3, 4 서식 참조.

제를 선정하여서는 아니 된다.*

다만, 다음의 경우에는 예외적으로 선정할 수 있다.

① 행정기관 등에서 유사한 연구를 이미 수행된 경우로서 해당 분야의 이론 및 기술의 발전 등에 따라 새로운 연구가 필요한 경우

② 관련 정책의 수행을 위하여 이미 수행된 연구과제 결과와 구분되는 학문적 · 이론적 체계의 구축이 필요한 경우

③ 행정기관 등에서 연구를 진행하고 있는 경우로서 관련 사항에 대한 연구가 필요하며 행정기관 등과 공동으로 정책연구를 하려는 경우

3) 연구과제의 변경**

중앙행정기관의 장은 영 제51조 제1항에 따라 선정된 연구과제를 변경하여야 할 부득이한 사유가 있으면 위원회의 심의를 거쳐 변경하여야 한다.

3. 연구자의 선정

1) 연구자 선정방법

중앙행정기관의 장은 「국가를 당사자로 하는 계약에 관한 법률」에서 정하는 바에 따라 공정하고 투명한 방법으로 연구자***를 선정하여야 한다.

---

* 「행정효율과 협업촉진에 관한 규정 시행규칙」 제38조 참조.

** 「행정효율과 협업촉진에 관한 규정 시행규칙」 제39조 참조.

*** '연구자'라 함은 「국가를 당사자로 하는 계약에 관한 법률」에 따라 국가와 정책연구에 관한 계약을 체결하는 단체 또는 개인을 말한다.

2) 경쟁에 의한 연구자 선정

① 선정방법 : 정책연구는 「국가를 당사자로 하는 계약에 따른 법률」에 따라 2단계 경쟁 등의 입찰, 협상에 의한 계약 등 경쟁에 의한 방법으로 연구자를 선정한다.

참고로 경쟁계약의 예시는 다음과 같다.*

- 2단계 경쟁 등의 입찰 : 미리 적정한 규격 등의 작성이 곤란하거나 기타 계약의 특성상 필요하다고 인정되는 경우 규격 또는 기술 입찰 실시 후 가격입찰 실시 가능
- 제한경쟁 입찰 : 특수한 기술이 요구되는 연구계약의 경우 해당 연구과제와 같은 종류의 수행실적과 수행에 필요한 기술보유 상황으로 경쟁 참가자격 제한 가능
- 협상에 의한 계약체결 : 계약이행의 전문성 · 기술성 · 긴급성 · 공공시설물의 안정성 및 그 밖에 국가안보 목적 등의 이유로 필효하다고 인정되는 경우 다수의 공급자로부터 제안서를 제출받아 평가한 후 협상절차를 통해 국가에 가장 유리하다고 인정되는 자와 계약체결 가능

② 위원회 심의 생략가능한 사항

- 「국가를 당사자로 하는 계약에 관한 법률」 제7조 본문에 따른 일반경쟁 방식으로 연구자를 선정하는 경우
- 「국가를 당사자로 하는 계약에 관한 법률」 시행령 제13조에 따라 입찰참가자격 사전심사를 하는 경우
- 「국가를 당사자로 하는 계약에 관한 법률」 시행령 제43조 제1항에 따라 제안서를 제출받아 평가하는 경우

* 박문각 행정사연구소(편), ≪행정사 사무관리론≫(서울 : 박문각, 2019), p.173.

3) 수의계약에 의한 연구자 선정*

① 긴급하게 계약을 체결할 필요가 있는 경우

② 계약금액이 소액인 경우

③ 계속공사로 인해 새로운 입찰절차가 필요하지 않거나 계약 상대자가 1인밖에 없는 경우

④ 중소기업 보호 등

참고로 수의계약은 다음의 경우에 해당한다.

- 특정인과 학술연구 등을 위한 용역계약이나 추진가격이 5천 만원 이하 또는 경쟁입찰 및 재공고입찰 결과 참가자격을 갖춘 자가 1인밖에 없음이 명백한 경우 수의계약이 가능하다.
- 수의계약 체결 시 계약담당공무원은 그 내용을 소속 중앙 행정기관의 장에게 보고, 각 중앙행정기관의 장은 이를 감사원에 통지하여야 한다.

4) 과제 연구자 선정결과 등록 및 계약체결**

① 과제담당관은 정책연구과제와 연구자가 선정되면 그 결과를 정책연구관리시스템에 등록하여야 한다.

② 계약담당관(또는 조달청)은 「국가를 당사자로 하는 계약에 관한 법률」에 따라 계약심사 후 선정된 연구자와 계약을 체결하고 결과를 통보한다.

③ 계약체결 내용은 공개를 원칙으로 한다. 다만, 비공개 사유에 해당하는 경우에는 목록만 공개하거나 부분공개 또는 비공개할 수 있다. 특히 해당 계약내용이 「공공기관의 정보공

---

* 「행정효율과 협업촉진에 관한 규정」 제51조의제2항 참조.

** 「행정효율과 협업촉진에 관한 규정」 제54조 참조.

개에 관한 법률」 제9조에 따른 비공개 대상 정보에 대해서는 비공개 사유를 명시하여야 한다.

4. 정책연구의 성과점검 등의 관리

1) 정책연구 성과점검*

① 중앙행정기관의 장은 매년 기관의 정책연구 추진과정, 연구결과의 공개 및 활용상황 등을 점검하여야 한다.

② 행정안전부장관은 기관별 점검사하을 종합하여 정책연구의 성과를 점검할 수 있다.

③ 행정안전부장관은 종합점검 결과를 해당 중앙행정기관의 장, 기획재정부장관 및 감사원장에게 통보할 수 있다.

④ 기획재정부장관은 행정안전부장관으로부터 통보받은 점검결과를 다음 해 예산을 편성할 때에 반영하여야 한다.

2) 정책연구 결과의 평가 및 활용**

(1) 연구결과의 평가

연구결과에 대한 평가는 과제담당관과 과제담당관이 지정한 외부전문가 1명이 공동으로 평가하거나 외부전문가가 참여하는 정책연구 완료 보고회를 개최하여 평가하는 방법으로 하여야 한다.

(2) 연구결과의 활용

중앙행정기관의 장은 정책연구가 종료된 후 그 정책연구 결과를

---

* 「행정효율과 협업촉진에 관한 규정」 제55조 참조.

** 「행정효율과 협업촉진에 관한 규정」 제52조 및 시행규칙 제41조 참조.

평가하여야 하며, 정책연구 종료일로부터 6개월 이내에 정책연구 결과 활용 상황을 점검하여야 한다.

이 경우 정책연구결과평가 및 활용상황 점검에 관한 사항은 위원회의 심의를 거쳐야 한다.

3) 정책연구의 공개*

(1) 공개내용

공개내용	공개시점
정책연구의 계약체결 내용	연구자 선정 및 계약체결 직후
정책연구결과 및 그 평가결과	연구결과 평가 직후
정책연구결과 활용상황	연구종료일로부터 6개월 이내
그 밖에 중앙행정기관의 장이 필요하다고 인정하는 사항	필요시

중앙행정기관의 장은 정책연구의 공정성과 투명성을 보장하고 정책연구결과를 공동 활용하기 위해 정책연구관리시스템을 통하여 다음의 사항을 공개하여야 한다.

다만, 「공공기관의 정보공개에 관한 법률」 제9조에 따른 비공개 대상 정보에 해당하는 경우 그러하지 아니하다.

(2) 비공개 대상 사후관리**

「공공기관의 정보공개에 관한 법률」 제9조에 따라 비공개 대상으로 분류된 정책연구과제는 다른 법률에 특별한 규정이 있는 경우를 제외하고는 2년의 범위 안에서 비공개 기간을 정하되, 기간의

* 「행정효율과 협업촉진에 관한 규정」 제54조 참조.

** 「행정효율과 협업촉진에 관한 규정」 시행규칙 제42조 제1항 참조.

경과 등으로 비공개의 필요성이 없어지거나 「공공기록물관리에 관한 법률」 제35조에 따라 공개로 재분류된 때에는 공개하여야 한다.

4) 정책연구 성과점검

(1) 성과점검*

중앙행정기관의 장은 매년 기관의 정책연구 추진과정, 연구결과의 공개 및 활용상황 등을 점검하여야 한다. 행정안전부장관은 기관별 점검사항을 종합하여 정책연구의 성과를 점검할 수 있다.

(2) 점검절차

① 점검계획의 통보 및 결과제출 : 행정안전부장관은 매년 전년도 성과를 점검하기 위해 점검절차 및 일정, 지표, 점검방법 등이 포함된 정책연구 성과점검계획을 수립하여 중앙행정기관에 통보한다. 중앙행정기관의 장은 성과점검계획에 따라 과제별 기초자료를 작성한 후 성과점검표에 따라 자체점검을 실시하고, 점검결과를 행정안전부장관에 제출한다.

② 종합점검 실시 : 행정안전부장관은 제출받은 중앙행정기관의 장의 자체점검 결과에 대한 사실 여부를 확인한 후 종합점검을 실시한다.

(3) 후속조치

행정안전부장관은 정책연구사업의 성과를 해당 중앙행정기관의 장, 기회재정부장관 및 감사원장에게 통보할 수 있다.

기획재정부장관은 행정안전부장관으로부터 통보받은 점검결과를

* 「행정효율과 협업촉진에 관한 규정」 제55조 제1항 및 제2항 참조.

다음 연도 예산 편성에 반영할 수 있다.

5) 정책연구 관리시스템 구축 및 운영

〈단계별 관리기능〉

구분	세부내용
사업계획	과제수행계획 등록(과제 명, 수행방식, 연구기간, 연구비용 등)
중복성 검사	전문검색엔진을 통해 중복 및 유사 연구과제 검색
계약	계약내용 등록(계약일, 계약방법, 계약금액, 수행기관 등)
연구진행	중간점검결과 등록(중간점검결과서, 중간 산출물 등)
연구완료	연구결과 및 평가결과 등록(연구결과보고서, 평가위원 및 평가내용 등) / 등록 시 정책연구 및 평가결과 국민에게 공개
활용결과	연구완료 6개월 이내 활용결과보고서 등 등록

행정안전부장관은 중앙행정기관이 정책연구 추진과정을 투명하게 관리하고 정책연구결과 등을 국가기관·공공기관·민간이 공동으로 이용할 수 있도록 정책연구관리시스템(프리즘 : www.prism,go.kr)을 구축하여 운영하고 있다.*

프리즘(prism)은 과제담당 공무원이 사업계획, 계약, 연구진행, 연구완료, 활용상황 관리 등 정책연구 전 과정을 체계적으로 관리할 수 있도록 구축되어 있으며 단계별 관리기능은 위의 표와 같다.

* 프리즘(prism)은 대국민 포털과 과제수행지원시스템으로 구성되어 있으며, 인터넷으로 누구나 접속하면 정책연구 사항을 검색하여 공개된 연구결과물을 열람하거나 내려받을 수 있다.

5-4 영상회의 운영

1. 영상회의 개요

1) 영상회의 정의

정보통신(ICT)을 기반으로 원거리에 있는 사람들과 1:1 또는 다자간 등 다양한 방식으로 진행하는 실시간 회의로 참석자의 영상과 음성뿐만 아니라 문서, 이미지, 동영상 등의 회의자료 공유도 가능하다.

2) 영상회의 방법

영상회의는 회의 규모, 성격 등에 따라 영상회의실, PC 영상회의 등 다양한 방법으로 개최할 수 있다.

PC 영상회의는 '나라e음(전자통합의사소통시스템) 등을 통해서 개인 자리에서 PC 등을 통해 영상회의를 개설하거나 참여하는 방법이다.

2. 영상회의실 설치 · 운영 및 지정*

1) 영상회의실 설치 · 운영

① 국무회의 및 차관회의

② 장관 · 차관이 참석하는 회의

* 「행정효율과 협업촉진에 관한 규정」 제57조 제1~4항 참조.

③ 둘 이상의 정부청사에 위치한 기관 간에 개최하는 회의
④ 정부청사에 위치한 기관과 지방자치단체 간에 개최하는 회의
⑤ 그 밖에 원격지(遠隔地)에 위치한 기관 간 회의

2) 영상회의실 지정

행정안전부장관은 정부영상회의실을 설치 · 운영하거나 행정기관이 공동으로 사용할 수 있는 영상회의실을 지정할 수 있다. 이 경우 행정안전부장관은 원활한 공동사용을 위하여 필요한 지원을 할 수 있으며, 다른 기관이 영상회의실 사용을 요청하면 적극 협조하여야 한다.

3. 정부영상회의실 등의 관리 · 운영

1) 정부청사관리소장의 역할*

① 정부영상회의시스템의 관리책임자 및 운영자 지정
② 정부영상회의실 및 정부영상회의시스템 보안대책 수립
③ 각종 회의용 기자재의 제공 및 정부영상회의 운영의 지원
④ 그 밖의 정부영상회의실 관리 · 운영에 필요한 사항

2) 사용 신청

① 정부영상회의실을 사용하려는 기관은 회의 개최일 2일 전까지 정부청사관리소장에게 사용신청을 하여야 하며, 정부청사관리소장은 정부영상회의실의 사용 가능여부를 지체 없이 통보하여야 한다.

---

* 「행정효율과 협업촉진에 관한 규정」 시행규칙 제43조 참조.

② 중앙행정기관과 시 · 도 간 영상회의를 개최할 때는 시 · 도 영상회의실의 예약상황 등을 고려하여 참석 대상기관에 문서로 사용 신청 또는 협조요청을 하여야 한다.

4. 영상회의시스템의 구축 및 연계 · 운영*

1) 행정기관의 장

행정기관의 장은 영상회의시스템을 구축하는 경우에 특별한 사유가 없으면 행정안전부장관이 정하는 기술규격에 적합하도록 하여 다른 행정기관 등의 영상회의시스템과 연계하여 운영할 수 있어야 한다.

2) 행정안전부장관

행정안전부장관은 영상회의실의 연계를 원활히 하고, 이용 편의를 높이기 위하여 공통기반 및 통합 이용 시스템을 구축 · 운영할 수 있다.

5. 영상회의시스템 이용 활성화

1) 행정기관의 장**

① 행정기관의 장은 원격지에 위치한 기관 간에 회의를 개최하는 경우 영상회의를 우선적으로 활용하여야 한다.

② 행정기관의 장은 해당 기관의 영상회의를 총괄적으로 관리

---

* 「행정효율과 협업촉진에 관한 규정」 제58조 참조.

** 「행정효율과 협업촉진에 관한 규정」 제59조 제1항 및 제4항 참조.

하기 위하여 영상회의 책임관과 영상회의 전담부서를 지정하여야 한다.

2) 행정안전부장관*

① 행정안전부장관은 영상회의를 활용하여야 하는 주요 회의와 이용 목표를 정하여 행정기관의 장에게 영상회의를 적극 활용할 것을 요청할 수 있다.

② 행정안전부장관은 행정기관의 영상회의 활용실적을 정기적으로 점검 · 평가할 수 있다.

③ 행정안전부장관은 행정기관의 영상회의 활성화를 위하여 영상회의 이용 홍보 및 교육, 영상회의 책임관 회의 개최, 행정기관별 영상회의 활용 우수사례 발굴 · 공유 및 우수기관 포상 등을 할 수 있다.

* 「행정효율과 협업촉진에 관한 규정」 제59조 제2항, 제3항 및 제6항 참조.

제 6 장

행정업무의 관리

6-1 업무분장 및 인계 · 인수

1. 업무의 분장

각 처리과의 장은 업무를 효율적으로 처리하고 책임소재를 명확하게 하기 위하여 소관 업무를 단위업무별로 분장하되, 소속 공무원 간의 업무량이 균형이 이룰 수 있도록 하여야 한다.*

2. 업무의 인계 · 인수

1) 업무인계 · 인수 작성**

공무원이 조직개편, 인사발령 또는 업무분장 조정 등의 사유로 업무를 인계 · 인수할 때에는 해당 업무에 관한 모든 사항이 구체적으로 나타나도록 업무관리시스템이나 전자문서시스템을 이용하여 인계 · 인수하여야 한다.

2) 인계 · 인수 절차

① 인계 · 인수 사전준비

② 업무자료 정리

③ 인계 · 인수서 작성

④ 대면 인계 · 인수 진행

---

* 「행정효율과 협업촉진에 관한 규정」 제60조 참조.

** 「행정효율과 협업촉진에 관한 규정」 제61조 참조.

⑤ 인계 · 인수서 확인

⑥ 인계 · 인수 사후관리

3) 직무대리자의 인계 · 인수

후임자가 정해지지 않은 경우와 그 밖의 특별한 사유로 후임자에게 업무를 인계할 수 없는 경우에는 그 직무를 대리하는 사람에게 인계하고, 그 직무를 대리하는 사람은 후임자가 업무를 인수할 수 있게 되었을 때에 즉시 인계하여야 한다.*

3. 인계 · 인수서 작성내용

1) 업무현황

(1) 담당업무

부서 업무분장표 및 업무매뉴얼 등을 활용하여 현재 자신의 업무내용을 입력하며, 직무기술서를 작성하는 형식으로 직무의 성격, 내용, 수행방법 등을 정리하고 도식화된 업무프로세스를 포함한다.

(2) 주요 업무계획 및 진행사항

업무관리시스템의 과제관리카드에 수록된 자료를 활용하여 담당하고 있는 단위과제 및 전략과제의 주요 업무계획과 추진경과, 추진실적 등을 간략하게 정리한다.

(3) 현안사항 및 문제점

향후 1~3개월 이내에 처리하여야 할 필요가 있는 업무관련 사항

---

* 「행정효율과 협업촉진에 관한 규정」 시행규칙 제45조 제2항 참조.

과 그 처리방안에 대한 의견을 기술한다.

(4) 주요 미결사항

상급자의 지시사항, 소송 계류 중인 사항, 감사원 · 국회 등의 지적사항에 대한 미처리 내용과 처리기한에 대해 기술한다.

2) 관련 문서현황

업무관리시스템이나 전자문서시스템에 저장된 문서와 개인용 컴퓨터에 저장된 관련파일, 그리고 자료집 등 비전자문서에 대한 관리현황으로 나누어 목록 등을 기술한다.

3) 주요 물품 및 예산 등 인계 · 인수가 필요한 사항

업무 관련 전문가, 고객 등 이해관계자와 물품, 예산 등 업무추진에 필요한 자원의 내용과 규모, 확보방안 등을 정리하여 기술한다.

4) 그 밖의 참고사항

인계자가 경험적으로 갖고 있는 업무지식 등에 대한 주관적 의견과 업무지원을 받을 수 있는 인계자의 연락처 등 그 밖의 정보를 포함하여 기술한다.

〈행정효율과 협업촉진에 관한 시행규칙; 별지 제12호 서식〉

업무인계 · 인수서

1. 업무현황
   가. 담당업무
   나. 주요 업무계획 및 진행사항
   다. 현안사항 및 문제점
   라. 주요 미결사항

2. 관련문서 현황

3. 주요 물품 및 예산 등 인계·인수가 필요한 사항

4. 그 밖의 참고사항

위와 같이 인계 · 인수 합니다.

2020년 월 일

인계자 : (서명 또는 인)

인수자 : (서명 또는 인)

입회자 : (서명 또는 인)

주1) 입회자는 인계자의 바로 위 상급자가 된다. 다만, 인계자가 기관장 및 부기관장인 경우에는 바로 아래 하급자가 된다.

주2) 기재항목이나 내용은 기관의 실정이나 인계·인수 사항에 따라 조정하여 사용할 수 있다.

주3) 인계자, 인수자 및 입회자의 서명 또는 날인은 생략할 수 있다.

6-2

업무편람의 개념 및 종류

1. 업무편람의 개념 및 활용

1) 업무편람의 개념

업무편람이란 업무수행에 합리적인 방향 및 기준을 제시하여 주는 것으로써 조직의 방침과 기능, 사무처리의 절차와 방법, 준수하여야 할 여러 원칙, 기타 사무와 관련된 자료 등을 단순화하고 표준화하여 이해하기 쉽고 업무처리에 편리하도록 작성한 업무지침서를 말한다.

2) 업무편람의 작성 · 활용

행정기관이 상당 기간에 걸쳐 반복적으로 하는 업무는 그 업무의 처리가 표준화 · 전문화될 수 있도록 업무편람을 작성하여 활용하는 것을 원칙으로 한다.*

2. 행정편람의 종류**

업무편람은 그 내용, 적용범위 및 작성기관에 따라 여러 가지로 분류할 수 있으나, 행정기관에서 발간 · 배포하여 활용하는 행정편람과 부서별로 작성 · 활용하는 직무편람으로 크게 구분한다.

* 「행정효율과 협업촉진에 관한 규정」 제62조 제1항 참조.

** 「행정효율과 협업촉진에 관한 규정」 제62조 제2항 제1호, 제2호 참조.

1) 행정편람

(1) 자 문

행정편람을 발간하려는 경우 필요하면 해당기관의 공무원이나 관계 전문가에게 자문할 수 있다.

(2) 발간 및 수정 · 보완

행정편람은 해당 행정기관의 장이 발간한다. 또한 관련제도의 변경 등으로 행정편람의 내용을 수정 또는 보완하여야 하는 사유가 발생하면 그 내용을 수정 또는 보완하여야 한다.

(3) 관리 및 활용

행정편람은 개인 소장은 금지하고 서가 또는 책장에 비치하여 관계자가 누구든지 항상 참고 · 활용할 수 있도록 하여야 한다.

2) 직무편람

직무편람은 부서별로 그 소관 단위업무에 관한 업무계획, 현황 및 그 밖의 참고자료 등을 체계적으로 정리하여 활용하는 업무 현황철이나 참고철을 말한다.*

(1) 작성대상

직무편람은 특별한 사유가 있는 경우를 제외하고는 행정기관 직제에 규정된 최하단위 부서(과 또는 담당관)의 단위업무별로 작성하되, 필요한 경우에는 여러 단위에 관한 직무편람을 한권으로 묶어 부서별로 작성할 수 있다.

* 「행정효율과 협업촉진에 관한 규정」 제62조 참조.

(2) 작성내용

업무 인계 · 인수할 때 활용할 수 있도록 다음 각호의 내용이 포함되어야 한다.*

① 업무연혁, 관련업무 현황 및 주요 업무계획
② 업무의 처리절차 및 흐름도
③ 소관 보존문서 현황
④ 그 밖의 업무처리에 필요한 참고사항

3. 업무편람 작성 및 활용효과

1) 작성효과

① 현재의 업무 상태를 파악할 수 있다.
② 사무의 표준화 · 단순화 · 전문화를 촉진한다.
③ 기타 현재의 불합리한 점을 발견하여 개선할 수 있다.

2) 활용효과

① 사무활동의 목표와 방침의 기준을 세워준다.
② 사무를 통제하는 데 필요한 적절한 지침을 준다.
③ 사무의 혼란, 불확실 및 중복을 줄일 수 있다.
④ 교육훈련을 위한 실효성이 있는 교재가 된다.
⑤ 관리층과 부하직원 상호 간 또는 조직 간의 협력을 증진한다.
⑥ 기타 사무능률 증진에 대한 관심을 높여준다.

* 「행정효율과 협업촉진에 관한 규정」 시행규칙 제46조 제2항 제1호 내지 제4호 참조.

제 7 장
정책실명제

7-1 정책실명제의 개념
7-2 정책실명제 실현방안
7-3 정책실명제 책임관 지정과 임무
7-4 정책실명제 중점관리 대상 선정 및 평가, 세부규정
7-5 정책실명제 실명제공
7-6 행정업무 개선 및 효율성 진단

7-1 정책실명제의 개념

'정책실명제'란 정책의 투명성과 책임성을 높이기 위하여 행정기관에서 소관업무와 관련하여 수립 · 시행하는 주요 정책의 결정 및 집행과정에 참여하는 관련자의 실명과 의견을 기록 · 관리하는 제도을 말한다.

7-2 정책실명제 실현방안

1. 주요 정책 자료의 종합적 기록 · 보존*

행정기관의 장은 주요 정책의 결정이나 집행과 관련되는 다음 사항을 종합적으로 기록 · 보존하여야 한다.

① 주요 정책의 결정, 과정에 참여한 관련자의 소속, 직급 또는 직위, 성명과 그 의견

② 주요 정책의 결정, 집행과 관련된 각종 계획서, 보고서, 회의 · 공청회 · 세미나 관련 자료 및 그 토의내용

* 「행정효율과 협업촉진에 관한 규정」 제63조 제1항, 제2항 참조.

행정기관의 장은 주요 정책의 결정을 위하여 회의 · 공청회 · 세미나 등을 개최하는 경우에는 일시, 참석자, 발언내용, 결정사항, 표결내용 등을 처리과의 직원으로 하여금 관련사항을 기록하게 하여야 한다.

① 기록주체는 처리과(정책 또는 사업담당 주관부서)이다.

② 보존방법은 정책결정 관련 공문서와 함께 철하는 것을 원칙으로 하고, 양이 많을 때에는 별도로 편철하도록 한다.

2. 기록 · 보존의 주체

각급 기관은 정책실명제 주관부서 및 담당자를 지정 · 운영하고, 기록 · 보존의 주체는 처리과로 한다.

7-3 정책실명제 책임관 지정과 임무*

1. 정책실명제 책임관 지정

행정기관의 장은 해당 기관의 정책실명제를 효율적으로 운영하기 위하여 기획조정실장 등 해당 기관의 기획 업무를 총괄하는 직위에 있는 공무원을 정책실명제 책임관으로 지정하여야 한다.

* 「행정효율과 협업촉진에 관한 규정」 제63조의2 제1항, 제2항 참조.

2. 정책실명제 책임관 임무

① 해당 기관의 정책실명제 활성화 계획수립 및 시행

② 해당 기관의 정책실명제 대상사업 선정 및 추진실적 공개

③ 자체 평가 및 교육

④ 그 밖에 해당 기관의 정책실명제 운영을 위하여 필요한 업무

7-4 정책실명제 중점관리 대상 선정 및 평가, 세부규정*

1. 대상 선정

① 주요 국정 현안에 관한 사항

② 대규모 예산이 투입되는 사업

③ 일정 규모 이상의 연구용역

④ 법령 또는 자치법규의 제정 · 개정 및 폐지

⑤ 행정안전부장관이 정한 절차에 따라 국민이 신청한 사업

⑥ 그 밖의 중점관리가 필요한 사업

2. 심의 · 공개

① 행정기관의 장은 대상사업 선정을 위하여 자체 세부기준을

* 「행정효율과 협업촉진에 관한 규정」 제63조의3 제1항, 제2항 및 제63조의4 참조.

마련하고, 심의위원회를 구성하여 심의를 거친 후 대상사업을 선정하여야 한다.

② 행정기관의 장은 정책실명제 중점관리 대상사업의 추진실적을 해당 기관의 인터넷 홈페이지 등을 통하여 공개하여야 한다.

3. 평가

행정안전부장관은 정책실명제의 활성화를 위하여 필요한 경우 각 행정기관의 정책실명제 추진실적 등을 평가할 수 있다.

4. 세부규정

① 정책실명제 중점관리 대상사업 선정, 심의위원회의 구성, 정책실명제 추진실적 평가기준 및 그 밖에 정책실명제 운영을 위하여 필요한 세부사항은 행정안전부장관이 정한다.*

② 그 외 지방자치단체에서 운영하는 정책실명제의 대상 및 범위 등에 관하여 필요한 세부사항은 해당 지방자치단체의 조례로 정할 수 있다.

---

* 「행정효율과 협업촉진에 관한 규정」 제63조의5 제1항 참조.

7-5 정책실명제 실명제공*

행정기관이 언론기관에 보도 자료를 제공하는 경우에는 해당 자료에 담당부서 · 담당자 · 연락처 등을 함께 적어야 한다.

<예시>

담당부서	지식행정과
담당자	행정사무관 추담당
연락처	123-456-7890

<예시>

<table>
<tr><td rowspan="3">부처 로고</td><td>보도자료</td><td>작성과</td><td>지식행정과</td></tr>
<tr><td rowspan="2">2020년 4월 28일 조간(04.27.12:00)이후 보도될 수 있도록 협조 부탁드립니다.</td><td>담당자</td><td>과장 김과장
사무관 추담당</td></tr>
<tr><td>연락처</td><td>123-456-7890
010-1234-5678</td></tr>
</table>

* 「행정효율과 협업촉진에 관한 규정」 제63조 제3항 참조.

7-6 행정업무 개선 및 효율성 진단

1. 행정업무 개선의 추진

행정기관의 장은 국민에 대한 서비스의 질을 향상시키고 행정의 효율성을 높이기 위하여 지속적으로 해당 기관의 행정업무의 수행 절차 및 방법을 개선하여야 한다.* 아울러 행정안전부장관은 업무 개선을 촉진하기 위하여 행정기관이 참여하는 행정업무 개선 우수 사례 경진대회 개최 등을 개최할 수 있으며, 우수사례에 대해서는 포상할 수 있다.

2. 행정 효율성 진단

1) 행정 효율성 진단의 의의 및 실시

(1) 의의

행정능률의 향상을 기하고 양질의 행정서비스를 국민에게 제공하기 위하여 행정업무의 흐름을 가시화하여 분석 · 검토하고, 업무 수행방식을 혁신하여 기존의 업무흐름을 재설계하기 위한 과정이자 활동이다.

* 「행정효율과 협업촉진에 관한 규정」 제64조 제1항 참조.

(2) 진단의 실시

행정안전부장관은 행정기관의 업무 효율성 향상을 위하여 행정업무 수행의 절차와 방법, 수행체계 및 관련제도 등을 분석하고 재설계하는 행정효율성 진단을 하고 이에 따라 업무개선을 권고할 수 있다.*

행정효율성 진단을 하는 경우 해당 분야에 대한 경험이나 전문능력을 가진 각급 행정기관 소속 공무원이나 관계 전문가의 지원을 받을 수 있다.

3. 행정업무 운영교육**

1) 교육

행정기관의 장은 소속 공무원에 대하여 매년 1회 이상 행정업무의 효율성 증진을 위한 교육을 하여야 한다.

2) 운영에 대한 감사

행정안전부장관이 필요하다고 인정하면 국무총리의 명을 받아 각급 행정기관에 대하여 이 영에서 규정하는 업무운영에 관한 감사를 할 수 있다.

3) 문서 미등록자 등에 대한 조치

행정기관의 장은 다음에 해당하는 공무원에게 징계나 그 밖에 필요한 조치를 하여야 한다.

---

* 「행정효율과 협업촉진에 관한 규정」 제64조 제3항 참조.

** 「행정효율과 협업촉진에 관한 규정」 제65조, 제66조, 제67조 참조.

① 결재 받은 문서를 등록하지 아니한 사람
② 훈령이나 규칙으로 정한 결재권자를 상향 또는 하향 조정하여 기안하거나 검토·결재를 한 사람
③ 관인을 부당하게 사용한 사람
④ 업무협조 지연의 책임이 있는 사람
⑤ 공무가 아닌 목적으로 업무관리시스템이나 전자문서시스템을 이용한 사람

4. 보칙

1) 대통령 또는 국무총리 명의로 시행하는 문서에 관한 특례

법령에 따라 대통령 또는 국무총리 명의로 시행하여야 하는 문서의 형식 및 처리방법에 관한 사항은 법령에 특별한 규정이 있는 경우를 제외하고는 대통령훈령으로 정한다.*

2) 국가정보원의 업무운영에 대한 특례

국가정보원이 아닌 행정기관에서 문서를 기안한 경우 국가정보원 소관 사항은 국가정보원에서 따로 기안할 수 있다.**

① 국가정보원에서 작성하는 시행문에는 기안자, 검토자, 협조자, 결재권자의 직위 또는 직급과 서명 및 연락처 등을 표시하지 아니할 수 있다.
② 국가정보원장은 관인공고 절차를 생략하거나 보도 자료를 비실명으로 제공할 수 있다.

* 「행정효율과 협업촉진에 관한 규정」 제68조 참조.
** 「행정효율과 협업촉진에 관한 규정」 제69조 제1항, 제2항 참조.

3) 서식관리

행정기관의 장은 별지 제1호 서식부터 별지 제12호 서식까지에 따라 작성한 문서를 특별한 사유가 없으면 업무관리시스템 또는 전자문서시스템 등을 이용하여 전자적으로 관리하여야 한다.*

* 「행정효율과 협업촉진에 관한 규정」 시행규칙 제47조 참조.

제 II 편

민원처리에 관한 법령

제 1 장
민원처리의 개요

1-1 민원행정의 특징
1-2 민원행정의 기능과 중요성
1-3 「민원처리에 관한 법률」 제정 목적 및 용어의 정리
1-4 민원처리 일반

1-1 민원행정의 특징

민원행정은 국민이 행정기관에 특정한 행위를 요구하는 의사표시에 대응하는 활동을 의미하는 것으로 여러 가지 측면에서 다양한 특징을 가지고 있다.

1. 민원행정의 다양성 및 유동성

민원행정은 그 내용이 다양하고 유동적이며 항상 새로운 조건하에서 결정되므로 다양성과 변동성을 가진다. 기관의 성격과 기능, 주민의 소득수준, 지역의 발전정도, 지역 문화적 특성 등에 따라 그 내용을 달리하는 경우가 많다.

2. 양적 팽창과 질적 복잡 · 다양성

민원행정은 양적인 팽창뿐만 아니라 질적으로도 다양한 양상을 보이고 있다. 하나의 민원해결은 새로운 민원의 충족을 요구하게 되고, 중앙정부나 지방자치단체를 막론하고 이와 같은 현상은 동일하게 나타나는 경우가 있다.

3. 민원행정의 기술성 및 전문성

민원처리에 있어서 기술성과 전문적 지식이 요구된다. 또한 중앙정부와 지방자치단체 간, 자방자치단체 상호간 그리고 여러 행정기관이 서로 협력과 협업을 통해 공동노력을 하여야 하는 상황이 증가하고 있다.

4. 민원행정의 재정적 지출

민원행정의 처리나 해결을 위해서는 거의 대부분이 재정지출을 수반되며, 비용을 투입하지 않으면 해결될 수 없는 것들도 있다.

1-2 민원행정의 기능과 중요성

1. 민원행정의 기능

1) 행정통제 기능

민원행정은 행정체제의 배분 관리적 기능뿐만 아니라 국민의 요구투입에 반응하여 산출하는 기능을 수행하는 역할을 한다. 따라서 민원행정제도를 통하여 공무원들이 국민에게 봉사하고 행정의 민주화를 통해 행정발전을 촉진시킬 뿐만 아니라 행정 관료제에 대한 국민의 통제를 공식화하는 기능을 수행한다.

2) 행정구제 기능

민원행정은 행정기관에 대하여 일정한 행위를 요구하는 의사표시이다. 이러한 의사표시 중 행정으로 인한 불이익을 시정하고자 하는 의사표시가 포함될 수 있기 때문에 하나의 행정구제 수단으로서의 기능을 한다.

3) 주민참여 기능

주민참여는 일반적으로 특정 지역주민들이 그들에게 영향을 미치는 정책결정과 집행과정에 참여하는 것을 말한다. 민원행정은 이러한 행정과정에 국민이 참여하여 자신의 의견과 의사를 반영하는 행정에의 주민참여 기능을 한다.

4) 행정의 신뢰성 제고기능

민원행정은 국민과 정부 간의 소통을 위한 창구역할을 한다. 따라서 신뢰성을 제고시키기 위한 방법으로 활용될 수 있다.

2. 민원행정의 중요성

1) 민주행정의 중요한 사무

민원사무를 통하여 국민은 행정기관과 접촉하게 된다. 따라서 그 처리과정을 통해 국민의 지지와 신뢰를 얻고, 편의와 봉사를 도모하려는 민주행정의 중요성을 인식하게 된다.

2) 양질의 서비스 제공

민원행정은 국민의 일상생활과 밀접한 관계를 가지기 때문에 양질의 서비스를 제공하여야 한다.

3) 국민권익의 보호

국민의 권익보호를 위해 간편한 절차나 방법으로 민원행정 역할의 중요성이 강조되고 있다.

1-3 「민원처리에 관한 법률」 제정 목적 및 용어의 정리

1. 제정목적

이 법은 민원처리에 관한 기본적인 사항을 규정하여 민원의 공정하고 적법한 처리와 민원행정제도의 합리적 개선을 도모함으로써 국민의 권익을 보호함을 목적으로 한다.*

2. 용어의 정의**

1) 민원

"민원"이란 민원인이 행정기관에 대하여 처분 등 특정한 행위를 요구하는 것을 말하며, 그 종류는 다음과 같다.

(1) 일반민원

① 법정민원 : 법령·훈령·예규·고시·자치법규 등(관계법령 등)에서 정한 일정 요건에 따라 인가·허가·승인·특허·면허 등을 신청하거나 장부·대장 등에 등록·등재를 신청 또는 신고하거나 특정한 사실 또는 법률관계에 관한 확인 또는 증명을 신청하는 민원을 말한다.

② 질의민원 : 법령·제도·절차 등 행정업무에 관하여 행정기관의 설명이나 해석을 요구하는 민원을 말한다.

---

* 「민원처리에 관한 법률」 제1조.

** 「민원처리에 관한 법률」 제2조 제1호 내지 제8호 참조.

③ 건의민원 : 행정제도 및 운영의 개선을 요구하는 민원을 말한다.

④ 기타인원 : 법정민원, 질의민원, 건의민원 및 고충민원 외에 행정기관에 단순한 행정절차 또는 형식요건 등에 대한 상담, 설명을 요구하거나 일상생활에서 발생하는 불편사항에 대하여 알리는 등 행정기관에 특정한 행위를 요구하는 민원을 말한다.

(2) 고충민원

행정기관 등의 위법 · 부당하거나 소극적인 처분(사실행위 및 부작위를 포함한다) 및 불합리한 행정제도로 인하여 국민의 권리를 침해하거나 국민에게 불편 또는 부담을 주는 사항에 관한 민원(현역장병 및 군 관련 의무복무자의 고충민원을 포함한다)을 말한다.*

2) 민원인

"민원인"이란 행정기관에 대하여 처분 등 특정한 행위를 요구하는 개인 · 법인 또는 단체를 말한다. 다만 다음의 경우는 민원인으로 보지 않는다.

① 행정기관(행정기관이 사경제의 주체로서 제기하는 경우 제외)

② 행정기관과 사법상의 계약관계에 있는 자로서 민원과 직접 관련된 계약관계에 있는 자

③ 성명 · 주소 등이 분명하지 아니한 자 등 대통령령으로 정하는 자

* 「부패방지 및 국민권익위원회의 설치와 운영에 관한 법률」 제2조 제5호 참조.

3) 행정기관

"행정기관"이라 함은 다음 각 목의 자를 말한다.*

① 국회·법원·헌법재판소·중앙선거관리위원회의 행정사무를 처리하는 기관, 중앙행정기관(대통령 소속기관과 국무총리 소속 기관을 포함한다)과 그 소속기관, 지방자치단체와 그 소속기관

② 공공기관으로서 다음 각 호의 자를 말한다.

- 「공공기관의 운영에 관한 법률」 제4조에 따른 법인·단체 또는 기관
- 「지방공기업법」에 따른 지방공사 및 지방공단
- 특별법에 따라 설립된 특수법인
- 「초·중등교육법」, 「고등교육법」 및 그 밖의 다른 법률에 따라 설치된 각급 학교
- 그 밖에 대통령령으로 정하는 법인·단체 또는 기관**

③ 법령 또는 자치법규에 따라 행정권한이 있거나 행정권한을 위임 또는 위탁받은 법인·단체 또는 그 기관이나 개인

4) 처분

"처분"이란 행정청이 행하는 구체적인 사실에 관한 법 집행으로서 공권력의 행사 또는 그 거부와 그 밖에 이에 준하는 행정작용을 말한다.***

---

* 「민원처리에 관한 법률」 제2조 제3호 참조.

** 그 밖의 대통령령으로 정하는 법인·단체 또는 기관이란 ① 「정부출연기관 등의 설립·운영 및 육성에 관한 법률」 제8조 제1항에 따른 연구기관 ② 「과학기술분야 정부출연연구기관 등의 설립·운영 및 육성에 관한 법률」 제8조 제1항에 따른 연구기관을 말한다.

*** 「민원처리에 관한 법률」 제2조 제4호 및 행정절차법 제2조 제2호 참조.

5) 복합민원

“복합민원”이라 함은 하나의 민원을 실현하기 위하여 법령 · 훈령 · 예규 · 고시 등에 의하여 다수의 관계기관(민원사항과 관련된 단체 · 협회 등을 포함) 또는 관계부서의 허가 · 인가 · 승인 · 추천 · 협의 또는 확인 등을 거쳐 처리되는 민원을 말한다.*

6) 다수인 관련민원

“다수인 관련민원”이란 5세대(世帶) 이상의 공동이해와 관련되어 5명 이상이 연명으로 제출하는 민원을 말한다.**

7) 전자민원창구

“전자민원창구”라 함은 「전자정부법」 제9조의 규정에 의하여 설치된 전자민원창구를 말한다.***

① 행정기관의 장은 전자민원창구를 통하여 민원의 신청 · 접수, 민원문서의 이송 및 처리결과의 통지, 처리기간의 연장 통지, 처리진행상황, 처리완료예정일 등 민원처리상황 안내 등 민원처리와 관련된 정보를 제공할 수 있다.

② 행정기관의 장은 민원을 처리할 때에는 개인정보 보호 등을 위하여 보안 강화 및 그 밖에 필요한 조치를 하여야 한다.

8) 무인민원발급창구

“무인민원발급창구”라 함은 행정기관의 장이 행정기관 또는 공공장소에 설치하여 민원인이 직접 민원서류를 교부받을 수 있도록 하

* 「민원처리에 관한 법률」 제2조 제5호 참조.
** 「민원처리에 관한 법률」 제2조 제6호 참조.
*** 「민원처리에 관한 법률」 제2조 제7호 참조.

는 전자 장비를 말한다.*

(사례) 건축허가 받기위한 도로점용, 배수설치, 개발행위, 전용허가 등을 함께 민원신청하는 경우
다가구주택을 건축허가 받거나 공장설립을 위해 도로점용,배수설치,개발행위,산지전용, 환경허가 등을 함께 받는 것을 복합민원이라 한다. 복합민원은 타 법률에 대한 이해가 어려우며 처리절차 또한 복잡하여 민원인의 불만이 많이 발생 되는 민원이라 할 수 있다. 아래의 사례는 이를 간략하게 기술한 내용이다. 〈복합민원 처리〉 1. 행정기관의 장은 복합민원을 처리할 주무 부서를 지정, 그 부서로 하여금 관계기관부서 간의 협조를 통하여 민원을 한꺼번에 처리하게 할 수 있다. 2. 복합민원의 처리 방법 및 절차 : 행정기관의 장은 관계기관의 장과 협의하여 복합민원의 종류와 접수방법, 구비서류, 처리기간 및 처리절차 등을 미리 정하여 민원인이 이를 열람할 수 있도록 게시한다. 복합민원은 주된 민원과 이와 관련된 여러 민원들이 복합되어서 하나의 민원이 되기 때문에 접수 시 주된 민원만 접수하면 된다. 3. 복합민원 처리기간 산정 : 복합민원의 경우 모든 민원을 한 번에 처리하게 됨으로 처리기간 산정은 주된 민원과 관련되는 민원 중 처리기간이 가장 긴 것으로 처리기간을 산정한다. 또한 복합민원 처리기간에는 관계기관 등의 협조 등에 필요한 기간이 포함되어 있어 협조에 소요되는 기간은 제외되지 않는다. 4. 거부처분에 대한 이의신청 : 복합민원에 대한 행정기관의 장의 거부처분에 불복하는 민원인은 그 거부처분을 받은 날부터 60일 이내에 그 행정기관의 장에게 문서로 이의신청을 할 수 있다. 행정기관의 장은 이의신청을 받은 날부터 10일 이내에 그 이의신청에 대하여 인용 여부를 결정하고 그 결과를 민원인에게 지체 없이 통보하여야 한다(단 부득이한 경우 기간 이내에 인용 여부를 결정할 수 없는 경우에는 그 기간의 만료일 다음 날 부터 기산 하여 10일 이내의 범위에서 연장할 수 있습니다). 그리고 이의신청 여부와 상관없이 행정심판 또는 행정소송을 제기할 수 있다.

3. 적용범위**

민원에 관하여 다른 법률에 특별한 규정이 있는 경우를 제외하고

* 「민원처리에 관한 법률」 제2조 제8호 참조.

** 「민원처리에 관한 법률」 제3조 제1항, 제2항 참조.

는 이 법에서 정하는 바에 따른다.

국회 · 법원 · 헌법재판소 · 중앙선거관리위원회의 행정사무를 처리하는 기관에 대해서는 제36조 제3항(민원처리기준표), 제37조(민원처리기준표 조정), 제38조(민원행정 및 제도개선계획), 제39조 제2항부터 제6항(민원제도개선) 및 제42조(확인 · 점검 · 평가)를 적용하지 않는다.

1-4 민원처리 일반

1. 민원처리 담당자의 의무

민원을 처리하는 담당자는 담당 민원을 신속 · 공정 · 친절 · 적법하게 처리하여야 한다.*

2. 민원인의 권리와 의무**

1) 민원인의 권리

민원인은 행정기관에 민원을 신청하고 신속 · 공정 · 친절 · 적법한 응답을 받을 권리가 있다.

* 「민원처리에 관한 법률」 제4조 참조.
** 「민원처리에 관한 법률」 제5조 참조.

2) 민원인의 의무

민원인은 민원을 처리하는 담당자의 적법한 민원처리를 위한 요청에 협조하여야 하고, 행정기관에 부당한 요구를 하거나 다른 민원인에 대한 민원처리를 지연시키는 등 공무(公務)를 방해하는 행위를 하여서는 아니 된다.

3. 민원처리의 원칙*

1) 민원 지연처리 금지원칙

행정기관의 장은 관계법령 등에 정한 처리기간이 남아 있다거나 그 민원과 관련 없는 공과금 등을 미납하였다는 이유로 민원 처리를 지연시켜서는 아니 된다. 다만, 다른 법령에 특별한 규정이 있는 경우에는 그에 따른다.

2) 민원처리 절차강화 금지원칙

행정기관의 장은 법령의 규정 또는 위임이 있는 경우를 제외하고는 민원 처리의 절차 등을 강화하여서는 아니 된다.

4. 민원인 등의 정보보호 및 담당자 보호**

행정기관의 장은 민원처리와 관련하여 알게 된 민원의 내용과 민원인 및 민원의 내용에 포함되어 있는 특정인의 개인정보 등이 누설되지 아니하도록 필요한 조치를 하여야 하며, 수집된 정보가 민원처리의 목적 외의 용도로 사용되지 아니하도록 하여야 한다.

---

* 「민원처리에 관한 법률」 제6조 제1항, 제2항 참조.

** 「민원처리에 관한 법률」 제7조 및 동법 시행령 제3조 제1항, 제2항, 제4조 참조.

1) 정보보호 실태확인 · 점검 및 교육

행정기관의 장은 정보보호의 실태를 확인 · 점검하고, 민원을 처리하는 담당자에게 연1회 이상 정보보호에 필요한 교육을 실시하여야 한다.

2) 징계 등 조치

행정기관의 장은 정보보호 실태확인 · 점검 결과 법령위반 사실을 발견하거나 이행상태가 불량하다고 판단되는 경우에는 지체 없이 이를 시정하고, 그 민원처리와 관련되어 있는 직원 등에 대하여 징계 또는 그 밖에 필요한 조치를 하여야 한다.

3) 담당자의 보호

행정기관의 장은 폭언, 폭행 등으로부터 담당자를 보호하기 위하여 건강장애 예방 및 치유, 안전시설 확충 등의 방안을 강구하여야 한다.

제 2 장

민원의 처리

2-1 민원의 신청 및 접수 등

1. 민원의 신청

1) 신청방법*

민원의 신청은 문서로 하여야 한다, 다만, 기타 민원은 구술 또는 전화로 신청할 수 있고, 직접 방문할 필요가 없는 경우에는 팩스, 인터넷 등 정보통신망 또는 우편 등으로 신청할 수 있다.

2. 신청서 및 구비서류**

1) 기재사항 및 서식

행정기관의 장은 신청서의 기재사항을 그 민원의 처리에 필요한 최소한의 범위로 한정하여야 하며, 민원인이 쉽게 작성할 수 있도록 신청서식을 명확하게 정하여야 한다.

2) 구비서류

행정기관의 장은 민원 신청과 관련된 구비서류를 정하는 경우에는 신청서의 기재사항이 사실인지 확인하거나 그 민원의 처리에 필요한 최소한의 범위 내에서 구체적으로 정하여야 하며, 제출부수는 역시 최소한으로 한정하여야 한다.

---

* 「민원처리에 관한 법률」 제8조 및 동법 시행령 제5조 참조.

** 「민원처리에 관한 법률」 제7조 참조.

3. 민원의 접수

행정기관의 장은 민원의 신청을 받았을 때에는 다른 법령에 특별한 규정이 있는 경우를 제외하고는 그 접수를 보류하거나 거부할 수 없으며, 접수된 민원문서를 부당하게 되돌려 보내서는 아니 된다.*

1) 접수부서

민원은 민원실(전자민원창구를 포함)에서 접수한다. 다만, 민원실이 설치되어 있지 아니한 경우에는 문서의 접수·발송을 주관하는 부서 또는 민원사항을 처리하는 주무부서에서 접수한다.

2) 민원문서의 표시

행정기관의 장은 「민원처리에 관한 법률 시행령」 제6조 제1항에 따라 민원문서를 접수할 때에는 그 민원문시의 왼쪽 윗부분에 별표 1의 민원문서 표시인을 찍어야 한다. 다만 전자문서로 접수하는 경우에는 민원문서 표시인을 전자적 형태로 나타낼 수 있다.**

3) 접수증 교부

행정기관의 장은 민원을 접수하였을 때에는 해당 민원인에게 접수증을 내주어야 한다. 다만, 기타민원과 민원인이 직접 방문하지 아니하고 신청한 민원 및 처리기간이 '즉시'인 민원 등 대통령령이 정하는 다음의 경우에는 접수증 교부를 생략할 수 있다.***

---

* 「민원처리에 관한 법률」 제9조 제1항 참조.

** 「민원처리에 관한 법률」 시행규칙 제2조 참조.

*** 「민원처리에 관한 법률」 제9조 제2항 참조.

① 기타민원
② 민원인이 직접 방문하지 아니하고 신청한 민원
③ 처리기간이 "즉시" 인 민원
④ 접수증을 갈음하는 문서를 주는 민원

4) 대표자 접수증 발급

민원실, 문서의 접수 · 발송을 주관하는 부서 및 민원을 처리하는 주무부서는 2인 이상의 민원인이 대표자를 정하여 신청한 민원을 접수하였을 때에는 그 대표자에게 하나의 접수증을 발급한다.*

5) 민원처리절차 등 안내

민원을 접수하였을 때에는 구비 서류의 완비 여부, 처리 기준과 절차, 예상 처리소요기간과 필요한 현장 확인이나 조사 예정시기 등을 해당 민원인에게 안내하여야 한다.**

6) 민원인 등 신원확인

가. 민원인의 신원확인

행정기관의 장은 민원을 접수할 때 필요한 경우 해당 민원인 본인 또는 그 정당한 위임을 받은 사람인지 확인할 수 있다.***

나. 위임장

민원인의 정당한 위임을 받은 사람인지 확인할 때에는 그 신원을 확인할 수 있는 신분증명서와 위임장 등으로 하여야 한다. 이 경우

---

* 「민원처리에 관한 법률」 시행규칙 제3조 제3항 참조.
** 「민원처리에 관한 법률」 제6조 제3항 참조.
*** 「민원처리에 관한 법률」 제6조 제4항 참조.

위임장은 별지 제3호 서식에 따른다.*

7) 민원인 중 대표자 선정**

가. 대표자 선정 요청

행정기관의 장은 3인 이상의 민원인이 대표자를 정하지 아니하고 같은 민원문서를 연명(連名)으로 제출한 경우에는 일정한 기간을 정하여 민원인 중에서 3인 이내의 대표자를 선정하여 통보할 것을 요청할 수 있다. 이 경우 행정기관의 장은 해당 민원의 성격, 처리절차 및 방법 등을 고려하여 3인 이내의 범위 내에서 적절한 대표자 수를 민원인에게 제시할 수 있다.

나. 직권 선정

행정기관의 장은 대표자로 선정하여 통보할 것을 요청받은 3명 이상의 민원인이 정해진 기간 내에 대표자를 선정하여 통보하지 아니한 경우에는 3명 이상의 민원인 중 3인 이내를 대표자로 직접 선정할 수 있다.

다. 대표자 선정

대표자 선정요청에 따라 선정된 대표자와 직권선정에 따라 선정된 대표자는 해당 민원의 민원인으로 본다.

4. 불필요한 서류요구의 금지***

행정기관의 장은 민원을 접수·처리할 때에 민원인에게 관계법령

* 「민원처리에 관한 법률」 시행규칙 제4조 참조.
** 「민원처리에 관한 법률」 제8조 제1항~제3항 참조.
*** 「민원처리에 관한 법률」 제10조 참조.

등에서 정한 구비서류 외의 서류를 추가로 요구하여서는 아니 된다.

1) 사본 허용

행정기관의 장은 동일한 민원서류 또는 구비서류를 복수로 받은 경우에는 특별한 사유가 없으면 원본과 함께 그 사본의 제출을 허용하여야 한다.

2) 서류 추가 요구 금지

행정기관의 장은 민원을 접수·처리할 때에 다음 각 호의 어느 하나에 해당하는 경우에는 민원인에게 관련 증명서류 또는 구비서류의 제출을 요구할 수 없으며, 그 민원을 처리하는 담당자가 직접 이를 확인·처리하여야 한다.

① 민원인이 소지한 주민등록증, 여권, 자동차운전면허증 등 행정기관이 발급한 증명서로 그 민원의 처리에 필요한 내용을 확인할 수 있는 경우

② 해당 행정기관의 공부(公簿) 또는 행정정보로 그 민원의 처리에 필요한 내용을 확인할 수 있는 경우

③ 「전자정부법」 제36조 제1항에 따른 행정정보의 공동이용을 통하여 그 민원의 처리에 필요한 내용을 확인할 수 있는 경우

3) 민원내용 변경·갱신 시 추가서류 요구 금지

행정기관의 장은 민원의 내용 변경 또는 갱신 신청을 받았을 때에는 특별한 사유가 없으면 이미 제출되어 있는 관련 증명서류 또는 구비서류를 다시 요구하여서는 아니 된다.

5. 민원실 및 장애인 등에 대한 편의제공

행정기관의 장은 민원을 신속히 처리하고 민원인에 대한 안내와 상담 편의를 제공하기 위하여 민원실을 설치할 수 있다. 아울러 민원의 신청 및 접수·처리과정에서 장애인, 임산부, 노약자 등에 대한 편의를 제공하기 위하여 노력하여야 한다.*

1) 민원실 관리

민원실의 장은 민원이 신속히 처리될 수 있도록 그 처리에 관한 모든 진행과정을 확인·관리하여야 한다.**

2) 공무원 배치***

① 민원실을 설치하고 있는 행정기관의 장은 소속 직원 중에서 행정실무경험이 풍부하고 근무태도가 성실한 자를 민원실에 배치하여야 한다. 필요하다고 인정하는 경우에는 관계기관의 장에게 소속 직원의 파견을 요청할 수 있다.

② 행정기관의 장은 민원실에서 2년 이상 근무한 사람을 전보시 우대할 수 있다.

3) 민원상담인 위촉

행정기관의 장은 민원인에 대한 안내와 상담을 위하여 필요하다고 인정되는 경위는 행정실무에 관한 지식과 경험이 있는 사람을 민원상담인으로 위촉할 수 있다. 이 경우 민원상담인은 명예직으로

* 「민원처리에 관한 법률」 제11조, 제12조 참조.
** 「민원처리에 관한 법률」 시행령 제9조 제1항 참조.
*** 「민원처리에 관한 법률」 시행령 제9조 제2항, 제3항 참조.

하는 것을 원칙으로 한다.*

4) 민원인 편의제공

행정기관의 장은 민원인에게 편의를 제공하기 위하여 민원실에 민원을 신청하는데 필요한 용지 · 필기류 등은 물론 담당자의 안정적인 근무환경 조성을 위해 민원실 시설 · 환경 등의 개선에 노력하여야 한다.**

2-2 민원편람

1. 민원편람의 비치

행정기관의 장은 민원실에 민원의 신청에 필요한 사항을 게시하거나 편람을 비치하는 등 민원인에게 민원 신청의 편의를 제공하여야 한다.

행정기관의 장은 민원실에 민원편람을 비치하거나 컴퓨터를 설치하는 등 필요한 조치를 하여야 한다.

* 「민원처리에 관한 법률」 시행령 제9조 제4항 참조.
** 「민원처리에 관한 법률」 시행령 제9조 제5항, 제6항 참조.

2. 민원편람 명시 사항

민원편람에는 민원의 종류별로 신청서식, 구비서류, 처리주무부서, 경유 · 협의기관, 처리절차, 처리기간 심사기준, 수수료, 그 밖에 민원 안내에 필요한 사항을 명시하여야 한다.

3. 민원편람의 게재사항

① 무인민원발급창구를 통하여 발급할 수 있는 민원
② 팩스 · 인터넷 등 정보통신망 또는 우편 등으로 신청할 수 있는 민원
③ 민원인이 구술하고 담당자가 그 사항을 문서로 작성하여 신청할 수 있는 민원*

2-3 다른 행정기관 등을 이용한 민원처리

1. 민원의 접수 · 교부

행정기관의 장은 민원인의 편의를 위하여 그 행정기관이 접수하고 처리결과를 교부하여야 할 민원을 다른 행정기관이나 특별법에

---

* 행정기관의 장은 민원인의 편의를 위해 민원인이 민원신청에 필요한 사항을 구술하고, 담당자가 이를 문서로 작성하여 민원인이 서명한 때에는 이를 민원문서로 접수할 수 있다(동법 시행령 제10조 제4항 참조)

따라 설립되고 전국적 조직을 가진 법인 중 대통령령으로 정하는 법인*으로 하여금 접수·교부하게 할 수 있다.

2. 민원사항 접수 및 처리, 교부 절차

1) 민원의 접수

민원을 접수한 다른 행정기관이나 농협 또는 새마을금고는 그 민원을 지체 없이 소관 행정기관에 보내야 한다.**

2) 처리결과 송부

(1) 처리결과 송부

민원을 받은 소관 행정기관은 그 민원을 신속히 처리하고 그 처리결과를 민원인이 교부받으려는 다른 행정기관이나 농협 또는 새마을금고(이하 '교부기관' 이라 한다)에 보내야 한다. 이 경우 접수기관이 소관 행정기관으로부터 해당 민원과 관련한 신청서·구비서류 등의 송부를 요청받은 경우에는 지체 없이 이를 송부하여야 한다.***

(2) 관인날인

민원을 받은 소관 행정기관은 그 민원의 처리결과를 팩스·인터넷 또는 전자적 시스템을 이용하여 민원인이 교부받으려는 다른 행

---

* 「농업협동조합법」에 따라 설립된 조합과 농업협동조합중앙회(이하 농협 이라함)와 「새마을금고법」에 따라 설립된 새마을금고 및 새마을금고중앙회(이하 "새마을금고"라 한다)를 말한다.

** 「민원처리에 관한 법률」 제14조 제1항 및 동법 시행령 제12조 제2항 참조.

*** 「민원처리에 관한 법률」 시행령 제12조 제3항 참조.

정기관이나 농협 또는 새마을금고에 보내야 한다. 다만, 인터넷 또는 전자적 시스템을 이용하는 경우에는 처리인과 직인을 갈음하여 「행정효율과 협업촉진에 관한 규정」 제3조 제9호의 전자이미지 관인을 찍은 후 처리주무부서의 전화번호 · 담당자 성명 등을 표시하여 교부기관에 보낼 수 있다.*

(3) 소관기관 관인생략

민원을 받은 소관 행정기관의 장은 다른 행정기관을 통하여 민원문서를 교부할 때에는 소관 행정기관의 관인(전자이미지 관인 포함)을 생략하고, 그 민원문서를 교부하는 행정기관의 관인을 찍어 교부할 수 있다. 다만, 법령상 또는 민원의 성질상 소관 행정기관의 관인을 찍을 필요가 있는 민원문서는 소관 행정기관의 관인을 찍어야 한다.**

(4) 교부기간 연장

민원을 받은 소관 행정기관의 장은 동일한 민원인이 동시에 많은 양의 동일한 증명서 등 문서***의 교부를 신청하여 처리기간 내에 처리하기 어려운 경우에는 20통마다 교부기간을 1일씩 연장하여 교부할 수 있다.****

---

* 「민원처리에 관한 법률」 시행규칙 제5조 제2항 참조.

** 「민원처리에 관한 법률」 시행령 제12조 제4항 참조.

*** 「전자정부법」 제2조 제7호에 따른 전자문서는 제외한다.

**** 「민원처리에 관한 법률」 시행령 제12조 제5항 참조.

3. 추가비용 납부

민원인이 민원을 신청하는 경우 법령 · 훈령 · 예규 · 고시 · 자치법규 등(이하 "관계법령"이라 한다)에서 정한 수수료 외에 업무처리비 등 추가비용을 교부기관에 내야 한다.

4. 접수 · 교부대상 민원의 고시

다른 행정기관이나 농협 또는 새마을금고를 통하여 접수 · 처리할 수 있는 민원의 종류, 접수 · 교부기관 및 추가비용 등은 행정안전부장관이 관계 행정기관(농협, 새마을금고)의 장과 협의하여 정한 후 고시하여야 한다.

5. 민원의 통합 접수 · 교부처리

1) 통합접수 및 선행 민원처리기간 불산입

행정기관의 장은 민원인이 다른 행정기관이 접수하여 교부하여야 할 민원을 통합하여 신청한 때에는 이를 통합하여 접수 · 교부할 수 있다. 이 경우 통합하여 접수한 민원 중 다른 민원의 처리를 위해 선행적으로 완결되어야 하는 민원이 있는 경우에는 그 선행 민원이 완결되는데 소요된 기간은 다른 민원의 처리기간에 산입하지 아니한다.*

2) 통합접수 · 교부 민원종류 고시

행정기관의 장은 통합하여 접수 · 교부할 수 있는 민원의 종류,

* 「민원처리에 관한 법률」 시행령 제12조 제8항, 제9항 참조.

접수·교부기관 등 필요한 사항은 행정안전부장관이 정하여 고시하여야 한다.

6. 민원접수·교부 임직원 공무원 준용

민원을 접수·교부하는 법인의 임직원은 「형법」, 그 밖의 법률에 따른 벌칙을 적용할 때에는 공무원으로 본다.*

2-4 민원문서의 이송

1. 민원문서의 이송

행정기관의 장은 접수한 민원이 다른 행정기관의 소관인 경우에는 접수된 민원문서를 지체 없이 소관기관에 이송하여야 한다.**

2. 이송절차 및 방법

1) 1근무시간 내

민원실에 접수된 민원문서 중 그 처리가 민원실의 주관에 속하지 아니하는 것에 대해서는 1근무시간 이내에이를 처리주무부서에 이

* 「민원처리에 관한 법률」 제14조 제3항 참조.

** 「민원처리에 관한 법률」 제16조 참조.

송하여야 한다. 다만, 처리주무부서가 상당히 떨어져 있는 등 특별한 사유가 있는 경우 3근무시간 이내에 이송할 수 있다.

2) 3근무시간 내

같은 행정기관 내에서 소관이 아닌 민원문서를 접수한 경우에는 3근무시간 이내에 민원실을 거쳐 처리주무부서에 이송하여야 한다.

3) 8근무시간 내

다른 행정기관 소관의 민원문서를 접수한 경우에는 8근무시간 이내에 소관 행정기관에 이송하고, 그 사실을 민원인에게 통지하여야 한다.

3. 전자문서의 이송

접수된 민원문서가 전자문서인 경우에는 지체 없이 소관 기관에 전자적 방법으로 이송하여야 한다.

2-5 민원의 처리기간 및 방법

1. 법정민원의 처리기간 설정 · 공포

① 행정기관의 장은 법정민원을 신속히 처리하기 위하여 행정기관에 법정민원의 신청이 접수된 때부터 그 처리가 완료될 때까지 소요되는 처리기간을 법정민원의 종류별로 미리 정하여 공표하여야 한다.

② 행정기관의 장은 처리기간을 정할 때에는 접수기관 · 경유기관 · 협의기관 및 처분기관 등 각 기관별로 처리기간을 구분하여 정하여야 한다.

③ 민원편람 수록 : 행정기관의 장은 처리기간을 민원편람에 수록하여야 한다.

2. 질의민원 등의 처리기간

질의민원 · 건의민원 · 기타민원 및 고충민원의 처리기간 및 처리절차 등에 관하여는 대통령령으로 정한다.*

1) 질의민원의 처리기간 등

① 법령에 관하여 설명이나 해석을 요구하는 질의하는 민원 : 14일 이내

② 제도 · 절차 등 법령 외의 사항에 관하여 설명이나 해석을

---

* 「민원처리에 관한 법률」 제18조 및 동법 시행령 제14조, 제15조, 제16조 참조.

요구하는 질의민원 : 7일 이내

2) 건의민원의 처리기간 등

행정기관의 장은 건의민원을 접수하였을 때에는 특별한 사유가 없으면 관계법령 등에 따른 규정이 있는 경우를 제외하고는 14일 이내에 처리하여야 한다.

3) 기타민원의 처리기간

행정기관의 장은 기타 민원을 접수하였을 때에는 특별한 사유가 없으면 즉시 처리하여야 한다.

다만, 구술(口述) 또는 전화로 신청한 민원은 민원처리부에 기록 절차를 생략할 수 있으며, 기타 처리기간, 처리절차 등을 달리 정하여 운영할 수 있다.

4) 고충민원의 처리기간

행정기관의 장은 고충민원을 접수하였을 때에는 특별한 사유가 없으면 7일 이내에 처리하여야 한다.*

(1) 동일 고충민원 반복제출

행정기관의 장은 민원인이 동일한 내용의 고충민원을 다시 제출할 경우에는 감사부서 등으로 하여금 이를 조사하도록 하여야 한다.

(2) 정당한 사유

행정기관의 장은 고충민원의 내용이 정당한 사유가 있다고 인정

* 「민원처리에 관한 법률」 시행령 제17조 참조.

될 때에는 지체 없이 원처분(原處分)의 취소 · 변경 등 적절한 조치를 하고, 이를 민원인에게 통지하여야 한다.

(3) 실지조사

행정기관의 장은 고충민원의 처리를 위하여 필요한 경우 14일 이내에 실지조사 등을 할 수 있다. 다만, 부득이한 사유로 14일 내에 실지조사 등을 완료하기 어렵다고 인정되는 경우에는 7일의 범위 내에서 그 기간을 한 차례만 연장할 수 있다. 이 경우 실지조사 등에 소요된 기간은 7일 이내의 처리기간에 산입되지 않는다.

(4) 감독기관에 대한 고충민원 처리

① 대상 고충민원 : 민원인은 감사부서 등의 조사를 거친 경우에는 그 고충민원을 신청할 수 있다.

② 처리결과 통보 : 감독기관의 장은 고충민원의 처리결과를 소관 행정기관의 장에게 통보하여야 한다. 이 경우 소관 행정기관의 장은 특별한 사유가 없으면 그 결과를 존중하여 조치를 하여야 하고, 이를 민원인에게 통지하여야 한다.

3. 민원처리 과정에 대한 시정요구

1) 시정요구

민원인은 다음 각호의 어느 하나에 해당하는 경우 그 행정기관 또는 감독기관의 장에게 이를 시정할 것을 요구할 수 있다.*

* 「민원처리에 관한 법률」 시행령 제18조 참조.

① 민원의 접수를 보류 · 거부하거나 접수된 민원문서를 부당하게 되돌려 보낸 경우
② 관계법령 등에서 정한 구비서류 외의 서류를 추가로 요구하는 경우
③ 민원의 처리기간을 경과한 경우

2) 처리결과 통지

시정요구를 받은 행정기관 또는 감독기관의 장은 지체 없이 이를 조사하여 그 처리결과를 민원인에게 통지하여야 한다.

4. 처리기간의 계산*

1) 즉시

민원의 처리기간을 '즉시'로 정한 경우에는 정당한 사유가 있는 경우를 제외하고는 3근무시간 이내에 처리하여야 한다.

2) 5일 이하

민원의 처리기간을 5일 이하로 정한 경우에는 민원의 접수시각부터 시간 단위로 계산하되, 공휴일 및 토요일은 산입하지 아니한다. 이 경우 1일은 8시간의 근무시간을 기준으로 한다.

3) 6일 이상

민원의 처리기간을 6일 이상으로 정한 경우에는 '일' 단위로 계산하고 첫날을 산입하되, 공휴일 및 토요일은 산입하지 아니한다.

* 「민원처리에 관한 법률」 시행령 제19조 참조.

4) 주 · 월 · 연

민원의 처리기간을 주 · 월 · 연으로 정한 경우에는 첫날을 산입하되, 「민법」 제159조~제161조*의 규정을 준용한다.

5. 처리기간에 산입하지 아니하는 기간의 계산**

① 신청서의 보완에 소요되는 기간(보완을 위하여 신청서를 신청인에게 발송한 날과 보완되어 행정청에 도달한 날을 포함한다)

② 접수 · 경유 · 협의 및 처리하는 기관이 각각 상당히 떨어져 있는 경우 문서의 이송에 소요되는 기간

③ 대표자를 선정하는 데 소요되는 기간

④ 당해 처분과 관련하여 의견청취가 실시되는 경우 그에 소요되는 기간

⑤ 실험 · 검사 · 감정, 전문적인 기술검토 등 특별한 추가절차를 거치기 위하여 부득이하게 소요 되는 기간

⑥ 행정안전부령이 정하는 선행사무***의 완결을 조건으로 하

---

* 「민법」 제159조(기간의 만료점) 기간을 일, 주, 월 또는 연으로 정한 때에는 기간말일의 종료로 기간이 만료된다. 「민법」 제160조(역에 의한 계산) ① 기간을 주, 월 또는 연으로 정한 때에는 역에 의하여 계산한다. ② 주, 월 또는 연의 처음으로부터 기간을 기산하지 아니하는 때에는 최후의 주, 월 또는 연에서 그 기산일에 해당한 날의 전일로 기간이 만료한다. ③ 월 또는 연으로 정한 경우에는 최종 월에 해당일이 없는 때에는 그 월의 말일로 기간이 만료한다. 「민법」 제161조(공휴일 등과 기간의 만료점) 기간의 말일이 토요일 또는 공휴일에 해당한 경우 기간은 그 익일로 만료한다.

** 「민원처리에 관한 법률」 시행령 제20조 및 「행정절차법 시행령」 제11조 참조.

*** 「행정절차법 시행규칙」 제6조에 의하면 행정안전부령이 정하는 선행 사무는 다음과 같다. ① 국회 또는 지방의회의 동의가 필요한 사항으로써 국회 또는 지방의회의 심의에 소요되는 기간, ② 국가안보 또는 외교상 특별한 선행조치가 필요한 사항으로서 이에 소요되는 기간, ③ 정부의 예산 사정으로 인하여 처리가 지연되는 기간, ④ 외국기관 및 재외공관에의 조회에 소요되는 기간, ⑤ 탈세조사 · 가격조사 · 수요조사 · 원가계산 · 경영분석 · 감정실시

는 경우 그에 소요되는 기간

6. 처리기간의 연장 등*

1) 연장기간

행정기관의 장은 부득이한 사유로 처리기간 내에 민원을 처리하기 어렵다고 인정되는 경우에는 그 민원의 처리기간의 범위 내에서 그 처리기간을 한 차례 연장할 수 있다. 다만, 연장된 처리기간 내에 처리가 어려운 경우에는 민원인의 동의를 받아 처리기간의 범위 내에서 처리기간을 한 차례만 다시 연장할 수 있다.

2) 연장통지

처리기간을 연장하였을 때에는 처리기간의 연장사유와 처리완료 예정일을 지체 없이 민원인에게 문서로 통지하여야 한다.

7. 처리상황의 확인 · 점검

1) 확인 · 점검 및 시기

① 행정기관의 장은 민원 처리상황과 운영 실태를 매월 1회 이상 확인 · 점검하여야 한다.

② 확인 · 점검은 매월 5일까지 지난달의 민원처리상황을 대상으로 하여 실시한다.

및 기업진단에 소요되는 기간, ⑥ 시험 · 신원조회 또는 신체검사에 소요되는 기간, ⑦ 신청인의 불출석 등 처리단계에 있어 신청인의 귀책사유로 인하여 지연되는 기간

* 「민원처리에 관한 법률」 시행령 제21조 참조.

2) 민원심사관의 지정 및 업무

① 행정기관의 장은 민원 처리상황의 확인·점검 등을 위하여 소속 직원 중에서 민원심사관을 지정하여야 한다. 이 경우 민원심사관의 업무가 지나치게 많거나 특별히 전문성이 필요하다고 판단되는 경우 분임 민원심사관을 지정하여 업무를 나눠맡도록 할 수 있다.

② 민원심사관은 민원 처리상황을 수시로 확인·점검하여 처리기간이 지난 민원을 확인하였을 때에는 지체 없이 처리주무부서의 장에게 독촉장을 발부하여야 한다.

③ 민원심사관은 다수인 관련 민원의 처리상황을 확인·점검하고 그 결과를 소속 행정기관의 장에게 수시로 보고하여야 한다.

8. 처리진행상황의 통지*

1) 통지방법

행정기관의 장은 민원이 접수된 날부터 30일이 지났으나 처리가 완료되지 아니한 경우 또는 민원인의 명시적인 요청이 있는 경우에는 그 처리진행상황과 처리완료 예정일 등을 적은 문서를 민원인에게 교부하거나 정보통신망 또는 우편 등의 방법으로 통지하여야 한다. 이러한 통지는 민원이 접수된 때부터 30일이 지날 때마다 통지하는 것을 원칙으로 한다.

2) 통지의 생략

민원인에게 인터넷 등으로 민원의 처리진행상황 등이 공개될 것

---

* 「민원처리에 관한 법률」 시행령 제23조 참조.

임을 사전에 안내한 경우에는 통지를 생략할 수 있다.

9. 관계기관 · 부서 간 업무협조

1) 협조 요청

민원을 처리하는 주무부서는 민원을 처리할 때 관계기관 · 부서의 협조가 필요한 경우에는 민원을 접수한 후 지체 없이 그 민원의 처리기간 내에서 회신기간을 정하여 협조를 요청하여야 하며, 요청받은 기관 · 부서는 그 회신기간 내에 이를 처리하여야 한다.*

2) 협조 회신기간 연장 및 통보

협조를 요청받은 기관 · 부서는 회신기간 내에 그 민원을 처리할 수 없는 특별한 사정이 있는 경우에는 그 회신기간의 범위에서 한 차례만 기간을 연장할 수 있다. 아울러 협조를 요청받은 기관 · 부서가 기간을 연장하려는 경우 회신기간이 끝나기 전에 그 연장사유 · 처리 진행상황 및 회신예정일 등을 협조 요청한 민원처리주무부서에 통보하여야 한다.

10. 민원처리의 예외

행정기관의 장은 접수된 민원**이 다음에 해당할 경우 그 민원을 처리하지 않을 수 있으며, 그 사유를 해당 민원인에게 통지하여야 한다.***

* 「민원처리에 관한 법률」 제20조 제1항 참조.
** 법정민원은 제외한다.
*** 「민원처리에 관한 법률」 제21조 제1호 내지 제9호 참조.

① 고도의 정치적 판단을 요하거나 국가기밀 또는 공무상 비밀에 관한 사항

② 수사, 재판 및 형 집행에 관한 사항 또는 감사원의 감사가 착수된 사항

③ 행정심판, 행정소송, 헌법재판소의 심판, 감사원의 심사청구, 그 밖에 다른 법률에 따라 불복 구제절차가 진행 중인 사항

④ 법령에 따라 화해 · 알선 · 조정 · 중재 등 당사자 간의 이해 조정을 목적으로 행하는 절차가 진행 중인 사항

⑤ 판결 · 결정 · 재결 · 화해 · 조정 · 중재 등에 따라 확정된 권리관계에 관한 사항

⑥ 감사원이 감사위원회의의 결정을 거쳐 행하는 사항

⑦ 각급 선거관리위원회의 의결을 거쳐 행하는 사항

⑧ 사인 간의 권리관계 또는 개인의 사생활에 관한 사항

⑨ 행정기관의 소속 직원에 대한 인사행정상의 행위에 관한 사항

2-6 민원문서의 보완 등

1. 민원문서의 보완

1) 보완요구

행정기관의 장은 접수한 민원문서에 보완이 필요한 경우에는 보완에 필요한 상당한 기간을 정하여 지체 없이 민원인에게 보완을 요구하여야 한다.

① 행정기관의 장은 민원인에게 민원문서의 보완을 요구하는 경우에는 문서 · 구술 등으로 하되, 민원인이 특별히 요청한 경우에는 문서로 하여야 한다.

② 보안의 요구는 민원문서를 접수한 때부터 8근무시간 이내에 하여야 한다. 다만, 현지조사 등 정당한 사유로 8근무시간이 지난 후 보완을 하여야 할 사항이 발견된 경우 즉시 보완을 요구하여야 한다.

③ 행정기관의 장은 다른 기관을 거쳐 접수된 민원문서 중 보완이 필요한 경우 해당 기관을 거치지 아니하고 민원인에게 직접 보완을 요청할 수 있다.

2) 보안기간의 연장 요청

행정기관의 장은 보완요구를 받은 민원인이 보완 요구를 받은 기간 내에 보완을 할 수 없음을 이유로 보완에 필요한 기간을 밝혀

기간연장을 요청하는 경우 이를 고려하여 다시 보완기간을 정하여야 한다.*

3) 재보안 요구

행정기관의 장은 다시 정한 보완기간 내에 민원문서를 보완하지 아니한 경우 10일 이내의 기간을 정하여 다시 보완을 요구할 수 있다.**

4) 보완요구 기간 계산방법

민원문서의 보완에 필요한 기간의 계산 방법에 관하여는 「민법」 제 156조, 제157조 및 제159조~제161조의 규정을 준용한다.***

① 기간을 시, 분, 초로 정한 때에는 즉시로부터 기산한다.

② 기간을 일, 주, 월 또는 연으로 정한 때에는 기간의 초일은 산입하지 아니한다. 그러나 그 기간이 오전 영시부터 시작하는 때에는 그러하지 아니하다.

③ 전술한 민원처리과정에 대한 계산 기간 참조

2. 민원처리 종결 전 보완 · 변경 · 취하

민원인은 해당 민원의 처리가 종결되기 전에는 그 신청내용을 보완하거나 변경 또는 취하할 수 있다. 다만, 다른 법률에 특별한 규정이 있거나 그 민원의 성질상 보완 · 변경 또는 취하할 수 없는 경우에는 그러하지 아니하다.

---

* 「민원처리에 관한 법률」 시행령 제24조 제2항 참조.

** 「민원처리에 관한 법률」 시행령 제24조 제3항 참조.

*** 「민원처리에 관한 법률」 시행령 제24조 제4항 참조.

3. 민원문서의 반려 등*

1) 민원문서의 반려

(1) 보완요구 불응

행정기관의 장은 민원인이 기간 내에 민원문서를 보완하지 아니한 경우에는 그 이유를 분명히 밝혀 접수된 민원문서를 되돌려 보낼 수 있다.

(2) 민원취하

민원인이 민원을 취하하여 민원분서의 반환을 요청한 경우에는 다른 법령에 특별한 규정이 있는 경우를 제외하고는 그 민원문서를 민원인에게 돌려주어야 한다.

2) 민원문서의 종결처리

(1) 소재 불분명에 의한 보완요구 2회 반송된 경우

행정기관의 장은 민원인의 소재지가 분명하지 아니하여 보완의 요구가 2회에 걸쳐 반송된 경우에는 민원을 취하한 것으로 보아 이를 종결처리 할 수 있다.

(2) 접수·처리된 증명서 등 민원 결과 일정기간 불 수령

행정기관의 장은 민원인에게 직접 교부할 필요가 있는 허가서·신고필증·증명서 등의 문서(「전자정부법」에 의한 전자문서 및 전자화문서 제외)를 정당한 사유 없이 처리완료 예정일(처리기간을 연장한 경우에는 민원인에게 문서로 통지된 처리완료 예정일)부터

* 「민원처리에 관한 법률」 시행령 제25조 참조.

15일이 지날 때까지 민원인 또는 그 위임을 받은 자가 수령하지 아니한 경우에는 이를 폐기하고 해당민원을 종결 처리할 수 있다.

2-7 반복 · 중복민원, 다수인 관련 민원의 처리

1. 반복민원의 처리

행정기관의 장은 민원인이 동일한 내용의 민원(법정민원 제외)을 정당한 사유 없이 3회 이상 반복하여 제출한 경우에는 2회 이상 그 처리결과 통지하고, 그 후에 접수되는 민원에 대하여는 종결처리 할 수 있다.

2. 중복민원의 처리

행정기관의 장은 민원인이 2개 이상의 행정기관에 제출한 동일한 내용의 민원을 다른 행정기관으로부터 이송 받은 경우에도 2회 이상 그 처리결과를 통지하고, 그 후 접수되는 민원에 대하여는 종결처리 할 수 있다.

3. 동일 민원여부 결정

행정기관의 장은 동일한 내용의 민원인지 여부에 대하여는 해당 민원의 성격, 종전 민원과의 내용적 유사성 · 관련성 및 종전 민원과 동일한 답변을 할 수 밖에 없는 사정 들을 종합적으로 고려하여 결정하여야 한다.*

4. 다수인 관련 민원의 처리

1) 다수인 관련민원의 정의

다수인 관련민원이란 5세대 이상의 공동이해와 관련되어 5명 이상이 연명으로 제출하는 민원을 말한다.**

2) 연명부(連名簿) 제출

다수인 관련민원을 신청하는 민원인은 연명부를 원본으로 제출하여야 한다.***

3) 행정기관의 장 조치

행정기관의 장은 다수인 관련민원이 발생한 경우 신속·공정·적법하게 해결될 수 있도록 조치하여야 한다.

4) 다수인 관련민원의 관리

행정기관의 장은 다수인 관련민원이 발생하지 아니하도록 사전 예방대책을 마련하여야 하며, 이를 효율적으로 처리하고 관리하기 위하여 다수인 관련민원이 처리상황을 분석·확인하여야 한다.

---

* 동일내용이나 서로 다른 여러 사람이 계속하여 민원을 제기하는 경우는 반복 및 중복민원에 해당하지 않는다.

** 「민원처리에 관한 법률」 제2조 제6호.

*** 「민원처리에 관한 법률」 제24조 제1항 참조.

5. 민원조정위원회 심의

행정기관의 장은 다수인 관련민원을 법 제23조제1항(반복민원) 및 제2항(중복민원)에 따라 종결 처리할 때에는 민원조정위원회의 심의를 거쳐야 한다.

6. 다수인 관련민원 처리상황 확인 · 점검

민원심사관은 다수인 관련민원의 처리상황을 확인 · 점검하고 그 결과를 소속 행정기관의 장에게 수시로 보고하여야 한다.

2-8 처리결과의 통지와 사후관리

1. 처리결과의 통지방법*

1) 통지방법

행정기관의 장은 접수된 민원에 대한 처리를 완료한 때에는 그 결과를 민원인에게 문서로 통지하여야 한다. 다만, 기타 민원의 경우와 통지에 신속을 요하거나 민원인이 요청하는 등 대통령령으로 정하는 경우에는 구술 또는 전화로 통지할 수 있다.

* 「민원처리에 관한 법률」 제27조 및 동법 시행령 제29조 참조.

2) 거부결정 통지

행정기관의 장은 민원 처리결과를 통지할 때에 민원의 내용을 거부하는 경우 거부이유와 구제절차를 함께 통지하여야 한다.

3) 증명서 등 교부

행정기관의 장은 민원의 처리결과를 허가서 · 신고필증 · 증명서 등의 문서로 민원인에게 직접 교부할 필요가 있을 때에는 그 민원인 또는 위임을 받은 자임을 확인한 후에 이를 교부하여야 한다.

2. 전자문서의 출력사용

행정기관의 장이 다음 각 호의 조치를 하여 민원인이 전자문서를 출력한 경우 이를 「행정효율과 협업촉진에 관한 규정」에 따른 공문서로 본다.*

① 출력매수의 제한조치

② 위 · 변조 방지조치

③ 출력한 문서의 진위확인조치

④ 그 밖에 출력한 문서의 위조 · 변조를 방지하기 위하여 행정안전부장관이 고시한 조치

3. 처리 담당자의 명시

행정기관의 장이 민원인에게 처리기간 연장의 통지, 민원문서의 보완요구, 처리진행 상황의 통지, 처리결과의 통지 등을 할 때에는 그 담당자의 소속 · 성명 및 연락처를 안내하여야 한다.

* 「민원처리에 관한 법률」 시행령 제30조 제1항.

4. 무인 민원발급창구를 이용한 민원문서의 발급

1) 관인날인

행정기관의 장은 무인민원발급 창구를 이용하여 민원문서를 발급할 때에는 소관 행정기관의 관인(전자이미지 관인을 포함)을 생략하고, 그 민원문서를 교부하는 기관의 관인을 찍어 교부할 수 있다. 다만 법령상 또는 그 민원의 성질상 소관 행정기관의 관인을 찍을 필요가 있는 민원은 소관 행정기관의 관인을 찍어야 한다.

2) 본인 확인방법

행정기관의 장은 민원문서를 교부할 때 법령에 따라 본인임을 확인하여야 하는 경우 법령에서 특별히 본인확인 방법을 정하고 있지 아니한 경우에는 행정안전부장관이 정한 전자적 매체를 이용하여 확인할 수 있다.

3) 민원사항 종류 등 고시

행정안전부장관은 무인민원발급창구를 이용하여 처리할 수 있는 민원문서의 종류 및 추가비용 등을 정하여 관보에 고시하고, 인터넷 홈페이지에 게시하여야 한다. 이 경우 소관 민원을 관장하는 중앙행정기관의 장과 미리 협의하여야 한다.

5. 처리민원의 사후관리

행정기관의 장은 처리한 민원에 대하여 민원인의 만족여부 및 개선사항 등을 조사하여 업무에 반영할 수 있다.

2-9

법정민원

1. 사전심사의 청구

1) 청구대상 민원

민원인은 법정민원 중 신청에 경제적으로 많은 비용이 수반되는 민원 등 대통령령으로 정하는 민원*에 대하여는 행정기관의 장에게 정식으로 민원을 신청하기 전에 미리 약식 사전심사를 청구할 수 있다.**

2) 대상 민원 종류 및 민원편람 수록

행정기관의 장은 사전심사청구 대상 민원의 종류 및 민원별 처리기간·구비서류 등을 미리 정하여 민원인이 이를 열람할 수 있도록 게시하고 민원편람에 수록하여야 한다.

3) 관계기관 장 협의

행정기관의 장은 사전심사가 청구된 법정민원이 다른 행정기관의 장과의 협의를 거쳐야 하는 사항인 경우 미리 그 행정기관의 장과 협의하여야 한다.

---

* 동법 시행령 제33조 제1항에 의하면 ① 토지매입 등 민원인에게 경제적으로 많은 비용이 수반되는 민원, ② 행정기관의 장의 거부처분에 따라 민원인에게 상당한 경제적 손실이 발생하는 민원 등이다.

** 「민원처리에 관한 법률」 제30조 제1항.

4) 결과 통지 및 제도적 마련

행정기관의 장은 사전심사 결과를 민원인에게 문서로 통지하여야 하며, 가능한 것으로 통지한 민원의 내용에 대하여는 민원인이 나중에 정식으로 민원을 신청한 경우에도 동일하게 결정을 할 수 있도록 노력하여야 한다. 다만, 민원인의 귀책사유 또는 불가항력이나 그 밖의 정당한 사유로 이를 이행할 수 없는 경우에는 그러하지 아니하다.

아울러 사전심사 제도를 효율적으로 운영하기 위하여 필요한 법적 · 제도적 장치를 마련하여 시행하여야 한다.

2. 사전심사청구의 처리절차*

사전심사 청구 대상 민원의 접수 및 처리절차에 관하여서는 관계기관 · 부서와의 협조, 민원의 접수, 민원문서의 보완절차 및 방법, 민원문서의 반려 등 일반적 민원처리 절차를 준용한다.

1) 처리기간

사전심사청구 대상민원의 처리기간은 ① 처리기간이 30일 미만인 민원은 처리기간 ② 처리기간이 30일 이상인 민원은 30일 이내의 범위 내에서 행정기관의 장이 정한다. 다만, 불가피한 사유로 처리기간 내에 처리가 곤란한 경우에는 처리기간을 연장할 수 있다.

2) 구비서류

행정기관의 장은 사전심사청구 대상 민원의 구비서류를 최소화하여야 하며, 사전심사청구 후 정식으로 민원이 접수되었을 때에는

---

* 「민원처리에 관한 법률」 시행령 제34조 참조.

이미 제출한 구비서류를 추가로 요구하여서는 아니 된다.

3) 기간 단축 처리

행정기관의 장은 사전심사를 거친 민원의 경우 특별한 사유가 없으면 처리기간을 단축하여 신속히 처리하여야 한다.

3. 복합민원의 처리

1) 복합민원의 개요

복합민원이란 하나의 민원목적을 처리하기 위하여 관계법령 등에 따라 여러 관계기관 또는 부서의 허가. 인가. 승인. 추천·협의 또는 확인 등을 거쳐 한꺼번에 처리되는 법정민원을 말한다.

2) 복합민원 처리방법 및 절차*

(1) 민원의 일괄제출

행정기관의 장은 복합민원과 관련된 모든 민원문서를 「민원처리에 관한 법률」 제31조에 따라 지정된 처리주무부서에 한꺼번에 제출하게 할 수 있다.

(2) 복합민원 종류 및 게시, 민원편람 수록

행정기관의 장은 관계 기관의 장과 협의하여 복합민원의 종류와 접수방법, 구비 서류·처리기간 및 절차 등을 미리 정하여 민원인이 이를 열람할 수 있도록 게시하고, 민원편람에 이를 수록하여야 한다.

* 「민원처리에 관한 법률」 시행령 제35조 참조.

3) 복합민원의 종류

① 민원사무처리기준표(행정안전부 민원처리기준표)에 수록

② 의제처리 복합민원의 경우 의제처리의 대상사무에 대해서는 개별법에 구체적으로 명시하고 있다.

<사례 ①> 의제처리(擬制處理)

본질은 같지 않지만 법률에서 다룰 때는 동일한 것으로 처리하여 동일한 효과를 주는 행위를 말한다. 의제처리는 개별 법률에 따라 각각 이행해야 하는 인・허가를 일괄하여 처리함으로써 행정업무의 효율성을 높이고 대국민 서비스를 개선하고자 하는 제도다. 예를들면 주택법에 따라 사업승인시 건축법의 건축허가를 의제 받으려면 해당 서류를 함께 제출하여 관계기관의 장과 협의한 건축허가 사항은 건축허가를 받은 것으로 보며, 그 외 23가지 법률의 인・허가를 의제하여 주택건설의 편의를 제공하는 것이다. 관련부서의 협의를 편리하게 해주기 위해 이러한 것을 원스톱 서비스로 일괄 협의해주는 지자체도 있다(부동산용어사전, 방경식). *네이버 지식백과] 의제처리 [擬制處理] (부동산용어사전, 2011. 5. 24., 방경식)

<사례 ②> 의제배당(擬制配當)

상법으로는 배당이 아니면서 세법상으로는 배당으로 간주되는 것을 뜻한다. 의제배당은 잉여금의 자본전입, 감자, 해산, 합병, 분할시 발생할 수 있다. 배당소득으로 처리돼 과세된다.

4) 복합민원의 처리유형

복합민원의 처리 유형은 법령에 명시되어 있지는 않지만 일반적으로 다음과 같이 분류한다.

(1) 의제처리

어떠한 인・허가를 받기 위하여 근거 법령이 서로 다른 인・허가

를 함께 받아야 할 경우에 그 관련 인·허가가 주된 인·허가와 중복되거나 유사하다면 주된 인·허가만 받으면 관련 인·허가도 함께 받은것으로 간주하여 처리하는 것을 말한다.

(2) 창구일원화

주된 인·허가와 관련되어 있는 인·허가의 접수를 모두 받도록 하되, 민원인이 일일이 담당부서별로 직접 찾아다니지 아니하고 주된 인·허가 및 관련 인·허가에 필요한 구비서류를 모두 갖추어 주된 인·허가의 처리부서에 제출하면 주무부서에서 책임을 지고 관련부서와 협의를 거쳐 처리하는 것을 말한다.*

(3) 개별처리

주된 인·허가와 관련되어 있는 인·허가들을 민원인이 각각 신청·접수하여 처리하는 것을 말한다.

4. 민원실무심의회의 설치·운영

1) 민원실무심의회 설치 및 위원

(1) 민원실무심의회 설치

행정기관의 장은 복합민원을 심의하기 위하여 그 소속으로 민원실무심의회를 설치·운영하여야 한다.

(2) 위원

① 위원장은 민원실무심의회의 처리주무부서의 장이 된다.

* 이 경우 주된 인·허가증만이 아니라 관련 민원의 인·허가증을 모두 교부한다.

② 위원은 관계기관 또는 부서의 실무책임자가 된다.

③ 외부위원은 행정기관의 장이 필요하다고 인정하는 경우 외부 전문가를 위원으로 위촉할 수 있다.

2) 민원실무심의회 운영

(1) 실무자회의 참석 요청

위원장은 관계기관 또는 부서의 실무책임자에게 회의 참석을 요청할 수 있으며, 그 요청을 받은 사람은 정당한 사유가 없으면 이에 따라야 한다.

(2) 현지 확인·조사 등의 합동조사 실시요청

민원실무심의회의 위원장은 민원처리를 위하여 필요하다고 인정되는 경우 관계기관 또는 부서의 현장 확인이나 조사 등을 합동으로 실시할 것을 요청할 수 있으며, 그 요청을 받은 관계기관 또는 부서는 특별한 사유가 없으면 이에 따라야 한다.

(3) 이해관계인 등의 의견 청취

민원실무위원회 위원장은 심의회의 효율적인 운영을 위하여 필요하다고 인정되는 경우 이해관계인·참고인 또는 감정인 등의 의견을 들을 수 있다.

(4) 민원인의 회의 참석에 대한 사전통지

민원실무심의회 위원장은 민원실무심의회에 민원인을 참석하게 하는 경우에는 민원인에게 회의일정 등을 미리 통지하여야 한다. 이 경우 민원인이 원하거나 출석할 수 없는 특별한 사유가 있는 경우에는 서면(전자적 방법에 의한 서면 포함)으로 의견을 진술하게 할 수 있다.

(5) 심의 생략

행정기관의 장은 창업 · 공장설립 등 대규모 경제적 비용이 수반되는 복합민원의 경우 신속한 처리를 위하여 민원실무심의회의 심의를 생략하고, 민원조정위원회에 직접 상정하여 심의할 수 있다.

2-10 민원 1회 방문 처리제

1. 민원 1회 방문 처리제의 개념

행정기관의 장은 복합민원을 처리할 때에 그 행정기관의 내부에서 할 수 있는 자료의 확인, 관계기관 · 부서와의 협조 등에 따른 모든 절차를 담당 직원이 직접 진행하도록 하여 민원 1회 방문처리제를 확립함으로써 불필요한 사유로 민원인이 행정기관을 다시 방문하지 아니하도록 하여야 한다.

민원 1회 방문 처리제는 1993년 10월 행정기관 내부에서 처리할 수 있는 자료 확인이나 관계부서 또는 기관간의 협조 등의 통하여 민원인이 동일 사안을 가지고 자주 방문하는 않도록 한 행정서비스 향상의 일환이었다.

2. 민원 1회 방문 처리제의 평가 및 의의

1) 평 가

민원 1회 방문 처리제는 민원사무처리를 위한 제도뿐만 아니라 국민과 공무원의 민원사무의 개선을 통해서 행정 전반에 걸쳐 다목적·종합적 행정서비스 제고와 만족을 높이기 위한 제도로 평가받는다.

2) 의 의

① 공직사회의 부정적 관행 개선
② 행정의 생산성 향상(구비서류의 간소화, 행정규제 완화, 행정전산망 구축 등)
③ 행정문화의 선진화(부조리 요인 제거, 공직사회의 투명성 제고 등)
④ 경제활동 활성화(행정기관 방문에 따른 시간과 비용의 절감)

3. 민원 1회 방문 처리제의 시행

1) 민원 1회 방문 상담창구의 운영

행정기관의 장은 민원 1회 방문 처리에 관한 안내와 상담의 편의를 제공하기 위하여 민원 1회 상담창구를 설치하여야 한다.*

2) 민원 후견인의 지정·운영

행정기관의 장은 민원1회 방문 처리제의 원활한 운영을 위하여 민원처리에 경험이 많은 소속 직원을 민원후견인으로 지정하여 민

* 「민원처리에 관한 법률」 제32조 제2항 참조.

원인을 안내하거나 민원인과 상담하게 할 수 있다.*

3) 민원 후견인의 업무

① 민원처리방법에 관한 민원인과의 상담
② 민원실무심의회 및 민원조정심의위원회에서의 민원인의 보좌
③ 민원서류 보완 등의 지원
④ 민원처리과정 및 결과의 안내

2-11 민원조정위원회

1. 민원조정위원회의 설치 및 심의내용**

행정기관의 장은 다음 각 호를 심의하기 위하여 민원조정위원회를 설치 · 운영하여야 한다.

① 장기 미해결 민원, 반복민원 및 다수인 관련민원에 대한 해소 · 방지 대책
② 거부처분에 대한 이의 신청
③ 민원처리 주무부서의 법규 적용의 타당성 여부와 민원실무심의회 심의 결과에 대한 재심의

* 「민원처리에 관한 법률」 제33조 참조.
** 「민원처리에 관한 법률」 제34조 제1항 제1호 내지, 시행령 제38조 제1항 참조.

④ 소관이 명확하지 않은 민원의 처리부서의 지정

⑤ 민원 관련 법령 또는 제도개선의 필요성

⑥ 상정된 복합민원의 심의

⑦ 그 밖에 민원의 종합적인 검토·조정 또는 종결처리 등을 위하여 그 기관의 장이 민원조정위원회에 회의를 부의하는 사항

2. 민원조정위원회의 심의생략*

행정기관의 장은 다음에 해당하는 사항은 민원조정위원회의 심의를 생략할 수 있다.

① 해당 민원을 처리할 때 행정기관의 판단 여지가 없는 경우

② 법령에 따라 민원 처리요건이 구체적으로 규정되어 있어 해석의 여지가 없는 경우

③ 이미 민원조정위원회의 심의를 거쳐 거부된 민원이 같은 사유로 다시 접수된 경우

3. 민원조정위원회의 구성 및 운영

1) 구성

민원조정위원회의 위원장은 그 행정기관의 장이 소속 국장급 공무원 또는 그에 상당하는 직원 중에서 지명하고, 위원은 처리주무부서의 장, 관계부서의 장, 감사부서의 장, 외부 법률전문가 및 민원과 관련된 외부전문가로 구성하는 것을 원칙으로 한다. 다만, 민원실무심의회에서 관계기관과의 협의를 거쳐 거부하는 것으로 결

* 「민원처리에 관한 법률」 시행령 제38조 제2항 참조.

정된 복합민원을 심의·조정하는 경우에는 그 관계기관의 처리주무부서의 장을 위원으로 할 수 있다.

2) 운영

(1) 이해관계인의 의견 청취

위원장은 민원조정위원회의 효율적인 운영을 위하여 필요하다고 인정되는 경우에는 이해관계인·참고인 또는 감정인 등의 의견을 들을 수 있다.

(2) 민원인 및 이해관계인의 회의 참석에 대한 사전통지

위원장은 민원조정위원회를 개최할 때에는 민원인 및 이해관계인 등이 참석할 수 있도록 회의일정 등을 미리 통지하여야 한다. 이 경우 민원인 및 이해관계인 등이 희망하거나 출석할 수 없는 특별한 사정이 있는 경우에는 서면으로 진술하게 할 수 있다.

4. 행정기관의 장의 최종결정

행정기관의 장은 접수된 민원을 처리하려는 경우에는 민원실무심의회 및 민원조정위원회의 심의결과를 존중하여야 한다.

2-12 거부처분에 대한 이의신청

1. 이의신청 기간 및 방법

1) 이의신청 기간

법정민원에 대한 행정기관의 장의 거부처분에 불복하는 민원인은 그 거부처분을 받은 날부터 60일 이내에 그 행정기관의 장에게 문서로 이의신청 할 수 있다.*

2) 이의신청서 기재사항

① 신청인의 성명 및 주소(법인 또는 단체의 경우에는 그 명칭, 사무소 또는 사업소의 소재지와 대표자의 성명)와 연락처
② 이의신청의 대상이 되는 민원
③ 이의신청의 취지 및 이유
④ 거부처분을 받은 날 및 거부처분의 내용

2. 이의신청 처리절차

1) 이의신청의 결정통지

행정기관의 장은 이의신청을 받은 날부터 10일 이내에 그 이의신청에 대하여 인용 여부를 결정하고 그 결과를 민원인에게 지체 없

* 「민원처리에 관한 법률」 제35조 제1항 참조.

이 문서로 통지하여야 한다. 다만, 부득이한 사유로 정해진 기간 이내에 인용 여부를 결정할 수 없을 때에는 그 기간의 만료일 다음 날부터 기산(起算)하여 10일 이내의 범위에서 연장할 수 있으며, 연장사유를 민원인에게 통지하여야 한다.*

2) 통지내용

행정기관의 장은 이의 신청에 대한 결과를 통지할 때에는 결정 이유, 원래의 거부처분에 대한 불복방법 및 불복절차를 구체적으로 분명하게 밝혀야 한다.**

3) 연장통지 및 기록 · 유지

행정기관의 장은 이의신청 결정기간의 연장을 통지할 때에는 통지서에 연장사유 및 기간 등을 구체적으로 적어야 한다. 아울러 이의신청에 대한 처리상황을 이의신청처리대장에 기록 · 유지하여야 한다.

3. 행정쟁송

민원인은 이의신청 여부와 관계없이 행정심판 또는 행정소송을 제기할 수 있다.

---

* 「민원처리에 관한 법률」 제35조 제2항 참조.

** 「민원처리에 관한 법률」 시행령 제40조 제3항 참조.

제 3 장

민원제도의 개선

3-1 민원처리기준표
3-2 민원행정 및 제도개선 계획
3-3 민원제도 개선 조정회의
3-4 민원 실태조사 및 간소화, 확인 · 점검 · 평가

3-1 민원처리기준표

1. 민원처리기준표의 고시

1) 고시 및 게시*

행정안전부장관은 민원인의 편의를 위하여 관계법령 등에 규정되어 있는 민원의 처리기관, 처리기간, 구비서류, 처리절차, 신청방법 등에 관한 사항을 종합한 민원처리기준표를 작성하여 관보에 고시하고,「전자정부법」에 따른 통합전자민원창구에 게시하여야 한다.

2) 변경 고시

행정기관의 장은 관계법령 등의 제정·개정 또는 폐지 등으로 고시된 민원처리기준표를 변경할 필요가 있으면 즉시 그 내용을 행정안전부장관에게 통보하여야 하며, 행정안전부장관은 그 내용을 관보에 고시하고, 통합전자민원창구에 게시한 후 민원처리기준표에 반영하여야 한다.

3) 개정요청

행정안전부장관은 민원의 간소화를 위하여 필요하다고 인정하는 경우에는 관계 행정기관의 장에게 관계법령 등에 규정되어 있는 처리기간, 구비서류, 처리절차, 신청방법 등의 개정을 요청할 수 있다.

---

* 「민원처리에 관한 법률」 제36조 참조.

2. 민원처리기준표의 조정*

1) 민원처리기준표 잠정 변경

행정안전부장관은 민원처리기준표를 작성·고시할 때에 민원의 간소화를 위하여 필요하다고 인정하는 경우에는 관계 행정기관의 장과 협의를 거쳐 관계법령 등이 개정될 때까지 잠정적으로 관계법령 등에 규정되어 있는 처리기간과 구비서류를 줄이거나 처리절차·신청방법을 변경할 수 있다.

2) 개정 및 정비

행정기관의 장은 민원처리기준표가 조정·고시된 경우에는 이에 따라 민원을 처리해야 하며, 중앙행정기관의 장은 민원처리기준표의 조정 또는 변경된 내용에 따라 관계법령 등을 지체 없이 개정·정비하여야 한다.

3-2 민원행정 및 제도개선 계획

1. 민원행정제도 개선 계획수립·시행

1) 기본지침 작성

행정안전부장관은 매년 민원행정 및 제도개선에 관한 기본지침

* 「민원처리에 관한 법률」 제37조 참조.

을 작성하여 행정기관의 장에게 통보하여야한다.

2) 개선계획 수립 및 시행

행정기관의 장은 기본지침에 따라 그 기관의 특성에 맞는 민원행정 및 제도개선 계획을 수립 · 시행하여야 한다.

2. 민원제도의 개선*

1) 개선안 발굴

행정기관의 장은 민원제도에 대한 개선안을 발굴 · 개선하도록 노력하여야 한다.

2) 개선내용 통보

행정기관의 장은 개선한 내용을 행정안전부장관에게 통보하여야 한다. 통보하여야 할 내용은 다음과 같다.

① 개선 추진계획 및 경과

② 개선내용 및 실적

③ 개선에 대한 완료시점

3) 개선안 제출

행정기관의 장과 민원을 처리하는 담당자는 민원제도에 대한 개선안을 행정안전부장관 또는 그 민원의 소관 행정기관의 장에게 제출할 수 있다.

* 「민원처리에 관한 법률」 제39조 참조.

4) 검토 통보

행정자치부장관은 제출받은 개선안을 검토하여 필요한 경우에는 그 소관 행정기관의 장에게 통보하여 검토하도록 하여야 한다.

5) 개선 권고

개선안을 제출·통보받은 소관 행정기관의 장은 그 수용 여부를 결정하여야 하며, 행정안전부장관은 행정기관의 장이 수용하지 아니하기로 한 사항 중 개선할 필요성이 있다고 인정되는 사항에 대하여는 소관 행정기관의 장에게 개선을 권고할 수 있다.

6) 민원행정제도 개선 조정회의 상정

행정기관의 장이 행정안전부장관으로부터 권고 받은 사항을 수용하지 아니하는 경우 행정안전부장관은 민원제도개선조정회의에 심의를 요청할 수 있다.

7) 행정기관장 수용여부 결정 통보

행정기관의 장은 다음의 각 호에 해당하는 경우에는 그 수용여부를 결정하여 행정안전부장관에게 통보하여야 한다.*

① 행정안전부장관이 개선안을 통보한 경우

② 행정안전부장관이 개선을 권고한 경우

③ 민원제도개선조정회의에서 심의·조정한 경우

* 「민원처리에 관한 법률」 시행령 제41조.

3-3 민원제도 개선 조정회의

1. 민원제도개선조정회의의 설치 및 기능

1) 설치

여러 부처와 관련된 민원제도 개선사항을 심의·조정하기 위하여 국무총리 소속으로 민원제도개선조정회의를 둔다.

2) 기능

민원제도조정회의는 여러 부처와 관련된 민원제도 개선사항, 심의요청, 대통령령으로 정하는 사항을 심의·조정하며, 다음과 같은 내용을 다룬다.

① 여러 부처와 관련된 민원제도 개선사항 심의 및 조정에 관한 사항
② 행정기관의 미이행 또는 미개선 과제에 대한 심의 및 이행권고 등에 관한 사항
③ 민원제도 개선업무의 효율적 추진에 관한 사항
④ 행정기관의 장이 행정안전부장관으로부터 권고 받은 사항을 수용하지 아니하여 행정안전부장관이 민원제도조정회의에 심의를 요청한 경우(법 제39조 제6항 참조)
⑤ 그 밖에 위원장이 필요하다고 인정하는 사항

2. 민원제도개선조정회의의 구성

1) 인적구성

민원제도개선조정회의는 위원장 1인을 포함한 10인 이내의 위원

으로 구성한다.

2) 위원장 및 위원, 간사

위원장은 국무조정실장으로 하고, 위원은 기획재정부·행정안전부·국무조정실·법제처 및 관련 과제의 소관 행정기관의 부기관장으로 한다. 다만, 민원제도 개선을 위하여 필요한 경우 외부전문가를 위원으로 위촉할 수 있다.

한편 간사는 2명으로 행정안전부장관 및 국무조정실장이 소속 공무원 중에서 각각 지정한다.

3) 위원장의 직무, 직무대행, 운영세칙 등

① 위원장은 조정회의를 대표하며 회의를 소집하고 그 의장이 된다.
② 직무대행은 위원장이 참석할 수 없을 때 위원장이 미리 지정한 위원의 순서로 그 직무를 대행한다.
③ 이 영에서 규정한 사항 외에 조정회의의 운영에 필요한 사항은 행정안전부장관이 정한다.

3. 의견청취 및 수렴

1) 의견청취가 필요한 경우

① 관계 행정기관의 장에 대한 설명 또는 자료·서류 등의 제출요구
② 참고인 또는 관계 직원의 출석 및 의견진술 요구

2) 의견 수렴

중앙행정기관의 장은 소관 민원에 대한 간소화 방안을 마련할 때에는 미리 이해관계인, 관련 단체 및 전문가 등의 의견을 수렴하여야 한다.

3-4 민원 실태조사 및 간소화, 확인 · 점검 · 평가

1. 민원의 실태조사 및 간소화

1) 실태조사

중앙행정기관의 장은 매년 그 기관이 관장하는 민원의 처리 및 운영 실태를 조사하여야 한다.

2) 간소화

중앙행정기관의 장은 실태조사의 결과에 따라 소관 민원의 구비서류, 처리절차 등의 간소화 방안을 마련하여야 한다.

2. 확인 · 점검 · 평가

행정안전부장관은 효과적인 민원행정 및 제도의 개선을 위하여 필요하다고 인정할 때에는 행정기관에 대하여 민원의 개선 상황과 운영 실태를 확인 · 점검 · 평가할 수 있으며, 이에 관하여는 「지방자치단체에 대한 행정감사규정」을 준용한다.*

1) 시정조치 건의

행정안전부장관은 확인 · 점검 · 평가결과 민원의 개선에 소극적이거나 이행 상태가 불량하다고 판단되는 경우 국무총리에게 그 시정에 필요한 조치를 건의할 수 있다.**

* 「민원처리에 관한 법률」 시행령 제42조 제1항 참조.

** 「민원처리에 관한 법률」 시행령 제42조 제2항 참조.

2) 시정조치 요구

행정안전부장관은 시정조치가 필요하다고 판단되는 사항 중 처리기간의 경과, 구비서류의 추가 요구 및 부당한 접수 거부 등 경미한 사항은 직접 관계 행정기관의 장에게 그 시정에 필요한 조치를 요구할 수 있다.

3) 처리결과 통보

국무총리로부터 시정요구를 받거나 행정안전부장관으로부터 시정요구를 받은 관계 행정기관의 장은 행정안전부장관에게 그 처리결과를 통보하여야 한다.

4) 평 가

행정안전부장관은 민원행정 개선을 위하여 필요하다고 인정되는 경우 행정기관에 대한 민원행정 및 민원제도 개선 추진상황에 대한 평가를 할 수 있다. 또한 평가결과에 따라 우수기관 및 직원에 대하여 포상할 수 있다.

3. 행정기관의 협조 및 여론조사

1) 여론수집

행정안전부장관은 행정기관의 민원처리에 관하여 필요한 경우 국민들의 여론을 수집하여 민원행정 제도 및 운영의 개선에 반영할 수 있다.

2) 여론수집 절차

(1) 여론조사 의뢰

행정안전부장관은 행정기관의 민원처리에 관한 국민들의 여론을 수집하려는 경우 효율적인 여론 수집을 위하여 필요한 때에는 관련 기관 또는 단체 등에 여론조사를 의뢰할 수 있다.

(2) 시정조치 요구 및 처리결과 통보

행정안전부장관은 국민들의 여론을 수집한 결과 민원행정제도 및 운영의 개선이 필요한 경우 국무총리의 승인을 받아 관계 행정기관의 장에게 시정에 필요한 조치를 요구할 수 있다. 이 경우 관계 행정기관의 장은 적정한 조치를 하고, 그 처리결과를 행정안전부장관에게 통보하여야 한다.

4. 국민제안의 접수 · 처리*

중앙행정기관의 장, 지방자치단체의 장 등 대통령령으로 정하는 행정기관의 장은 정부시책이나 행정제도 및 그 운영의 개선에 관한 국민제안을 접수 · 처리하여야 한다.

국민제안의 운영 및 절차 등에 관하여 필요한 사항은 대통령령으로 한다.

---

* 「민원처리에 관한 법률」 제45조 참조.

제 4 장
국민제안규정

4-1 총칙

1. 법 제정 배경

행정에 대한 국민의 의견을 적극적으로 수렴할 수 있는 제도적 장치를 마련하기 위하여 「민원처리에 관한 법률」이 개정(2017년 7월 26일)됨에 따라 불합리한 행정제도를 개선하고 국민의 불편 사항을 해결하기 위하여 국민 참여의 주요한 수단인 국민제안제도의 운영절차를 효율화하고 제안의 접수·처리범위를 확대하는 등 범정부적인 국민제안 운영체제를 구축하고자 하였다.

2. 제정 목적

「민원처리에 관한 법률」 제45조에 따라 국민의 창의적인 의견이나 고안(考案)을 정부 시책이나 행정제도 및 그 운영에 반영함으로써 국민참여를 활성화하고 행정업무의 혁신을 촉진하기 위한 국민제안제도의 운영에 필요한 사항을 규정함을 목적으로 한다.*

3. 용어의 정의

1) 국민제안

"국민제안"이란 국민이 정부시책이나 행정제도 및 그 운영의 개선을 목적으로 중앙행정기관의 장, 지방자치단체의 장, 교육감(이하

* 「국민제안규정」 제1조(목적) 참조.

"행정기관의 장"이라 한다)에게 제출하는 창의적인 의견이나 고안으로서 다음 각 목의 어느 하나에 해당하지 아니하는 것을 말한다.

① 다른 사람이 취득한 특허권 · 실용신안권 · 디자인권 또는 저작권에 속하는 것 또는 「공무원 직무발명의 처분 · 관리 및 보상 등에 관한 규정」에 따라 보상이 확정된 것

② 접수하려는 기관이 이미 채택했던 제안과 내용이 동일한 것

③ 접수하려는 기관이 이미 시행 중인 사항이거나 기본 구상이 이와 유사한 것

④ 일반 통념상 적용하기 어렵다고 판단되는 것

⑤ 단순한 주의환기 · 진정(陳情) · 비판 또는 건의이거나 불만의 표시에 불과한 것

⑥ 특정 개인 · 단체 · 기업 등의 수익사업과 그 홍보에 관한 것

⑦ 국가나 지방자치단체의 사무에 관한 사항이 아닌 것

2) 공모제안

행정기관의 장이 과제를 지정하여 공개적으로 모집하는 경우에 제출하는 국민제안을 말한다.

3) 채택제안

행정기관의 장이 접수한 국민제안 중 그 내용을 심사한 후 채택한 제안을 말한다.

4) 자체우수제안

행정기관의 장은 채택제안 중 내용이 우수하다고 인정하여 행정안전부장관(국방 · 군사에 관한 제안의 경우에는 국방부장관)에게 추천한 것을 말한다.

5) 중앙우수제안

행정안전부장관이 자체 우수제안 중 그 내용을 심사한 후 채택한 제안을 말한다.

4. 국민제안제도의 관장기관

행정안전부장관은 국민제안제도의 운영 지도 · 확인 · 점검, 국민제안제도의 개선 및 중앙우수제안에 관한 업무를 맡아 처리한다.

4-2 국민제안 제출 등

1. 국민제안의 제출

1) 제안자

모든 국민은 소관 행정기관의 장에게 국민제안을 제출할 수 있다. 국민이 「국민제안규정」에 따라 중앙행정기관의 장, 지방자치단체의 장 또는 교육감에게 국민제안을 제출할 때에는 별지 1호 서식의 국민제안서에 따라 한다.*

* 「국민제안규정」 제5조 제1항 및 동 규칙 제2조 제1항 참조.

2) 제안제출 방법

(1) 제안내용

국민제안을 제출하려는 국민은 정부시책이나 현행 제도 및 운영의 실태와 문제점, 개선방안 및 기대효과 등에 관한 사항을 작성하여 방문·우편·팩스 또는 「부패방지 및 국민권익위원회의 설치와 운영에 관한 법률」에 따른 온라인 국민 참여 포럼 등 인터넷을 통하여 행정기관의 장에게 제출하여야 한다. 이 경우 행정기관의 장은 장애인이 국민제안을 수월하게 제출할 수 있도록 적절한 편의를 제공하여야 한다.

(2) 증명자료, 실물 등 제출

국민제안의 내용이 발명이나 고안(考案)일 경우 설계도·도안·사진 등 국민제안의 내용을 실제로 증명할 수 있는 자료를 첨부하여야 하며, 실물로 제작된 발명이나 고안을 심사 자료로 제출할 수 있다.

3) 공동제안

2명 이상의 공동으로 국민제안을 제출하는 경우 국민제안에 참여한 사람 개개인의 기여도에 관한 사항을 백분율로 표시하여야 한다. 이 경우 기여도가 가장 큰 사람을 ‘ 주제안자“로, 그 밖의 참여자를 ’부제안자‘로 표시하되, 공동제안자가 2명인 경우로서 기여도가 동등한 경우 제안자간의 합의로 주제안자를 정하여야 한다.

4) 둘 이상의 행정기관 소관업무 관련 국민제안

둘 이상의 행정기관의 소관업무와 관련된 국민제안의 경우 국민제안의 주된 내용의 소관 행정기관의 장에게 제출하여야 한다.

2. 국민제안의 접수

1) 국민제안의 접수

행정기관의 장은 국민제안을 신속히 접수하여야 하며, 접수하였을 때에는 별지 제2호 서식의 국민제안 접수증을 발급하여야 한다. 다만, 우편·팩스 또는 「부패방지 및 국민권익위원회의 설치와 운영에 관한 법률」에 따른 온라인 국민 참여 포럼 등 인터넷 등을 통하여 국민제안을 접수하였을 때에는 국민제안 접수증을 발급하지 아니할 수 있다.

한편 행정기관의 장이 접수한 제안 중 내용이 같은 국민제안이 있는 경우에는 먼저 접수한 국민제안이 우선한다.

2) 보완 요청

행정기관의 장은 접수한 국민제안에 보안할 수 있는 흠이 있는 경우에는 국민제안을 접수한 날부터 7일 이내에 적절한 기간을 정하여 제안자에게 그 보완을 요청할 수 있다. 이 경우 보완에 걸리는 기간은 기간에 산입(算入)하지 않는다.

3) 제안의 반려 및 민원처리

행정기관의 장은 제출된 제안이 「국민제안 규정」 제2조 제1호의 각 목에 해당하는 경우 그 사유를 구체적으로 밝혀 이를 제안자에게 반려할 수 있으며, 제출된 제안이 「민원처리에 관한 법률」 제2조 제1호에 해당하는 경우에는 민원으로 접수하여 절차에 따라 처리할 수 있다.

4) 제안의 이송

행정기관의 장은 제출된 국민제안이 다른 행정기관의 소관인 경우 이송사유를 구체적으로 밝혀 지체없이 소관 행정기관으로 이송하고, 그 사실을 제안자에게 알려야 한다.

3. 접수 및 처리상황의 공개

행정기관의 장은 국민제안을 접수하였을 때에는 온라인 국민참여포털 등 인터넷을 통하여 국민제안의 접수 및 처리 상황을 실시간으로 공개하여야 한다. 다만, 제안자가 요구하는 경우에는 국민제안의 제목과 채택여부를 제외한 사항은 공개하지 아니 할 수 있다.

4-3 국민제안 심사 및 실시

1. 국민제안의 심사

1) 심사기준

행정기관의 장은 접수한 국민제안의 채택여부를 결정하기 위해 다음 사항을 고려하여 심사하여야 한다.

① 실시 가능성

② 창의성

③ 효율성 및 효과성

④ 적용범위

⑤ 계속성

2) 국민제안 심사위원회 구성 및 운영

행정기관의 장은 국민제안을 공정하게 심사하기 위하여 필요한 경우에는 기관별 국민제안 심사위원회를 구성·운영할 수 있다.

2. 의견 또는 자료제출

1) 실험·조사의뢰 등

행정기관의 장은 심사를 위하여 필요한 경우 관계기관 또는 전문가에게 실험·조사 등을 의뢰하거나 의견 또는 자료 제출을 요청할 수 있다.

2) 국민제안 제외 대상 확인요청

행정기관의 장은 제출된 제안이 ① 다른 사람이 취득한 특허권·실용신안권·디자인권 또는 저작권에 속하는 것, ②「공무원 직무발명의 처분·관리 및 보상 등에 관한 규정」에 따라 보상이 확정된 것에 해당하는지 여부를 문화체육관광부장관 또는 특허청장에게 확인·요청할 수 있다.

3) 비용지급

행정기관의 장은 실험·조사 등에 드는 비용을 예산의 범위에서 지급할 수 있다.

4) 결과회신

행정기관의 장으로부터 의견·자료요청 또는 확인요청을 받은 관계기관 및 전문가는 특별한 사유가 없으면 요청받은 날로부터 3주 이내에 회신하여야 한다. 이 경우 회신에 걸리는 기간은 동법 제10조 제1항에 따른 기간(채택 제안의 결정)에 산입하지 아니한다.

3. 채택제안의 결정*

1) 채택여부 결정

행정기관의 장은 국민제안을 접수한 날(공모제안의 경우에는 공모기간이 끝나는 날)부터 1개월 이내에 그 내용을 심사한 후, 채택할 지를 결정하고 그 사실을 제안자에게 알려야 한다. 이 경우 온라인 국민참여포털 등 인터넷을 통하여 접수된 국민제안에 대해서는 온라인 국민참여포털 등 인터넷을 통하여 채택여부 결정사실을 알릴 수 있다.

2) 실시예정시기 통지

채택제안으로 채택되었음을 제안자에게 알릴 때에는 채택제안의 실시 예정 시기를 함께 통지하여야 한다.

3) 채택제안의 실시

행정기관의 장은 채택제안을 결정하였을 때 제안자에게 통지된 실시예정 시기까지 채택제안을 실시하여야 한다. 다만 불가피하게 실시예정 시기까지 채택제안을 실시할 수 없는 사유가 발생한 경우

---

* 「국민제안규정」 제10조 참조.

그 사유와 새로운 실시예정 시기를 지체 없이 제안자에게 통지하여야 한다.

4. 재심사 요청

1) 제안자의 재심사 요청

채택제안으로 결정되지 아니하였음을 통지받은 제안자는 통지받은 날로부터 15일 이내에 재심사 요청 사유를 구체적으로 밝혀 해당 행정기관의 장에게 재심사를 요청할 수 있다.*

2) 행정안전부장관의 재심사 요청

행정안전부장관은 국민제안이 행정업무의 개선, 예산절감 또는 국고·조세수입 증대 등의 성과가 예상되는 경우 해당 행정기관의 장에게 재심사를 요청할 수 있다.**

5. 국민제안 보완·개선

행정기관의 장은 채택되지 않은 국민제안, 채택제안 중 보완·개선이 필요하다고 인정하는 경우에는 국민과 전문가의 의견을 듣거나 국민제안에 대하여 토론, 투표, 평가할 수 있는 온라인 플랫폼(국민참여 플랫폼) 등을 통하여 해당 국민제안을 보완·개선할 수 있다.***

---

* 「국민제안규정」 제12조 제1항 참조.

** 「국민제안규정」 제12조 제2항 제1호 내지 제2호 참조.

*** 「국민제안규정」 제13조 제1호 내지 제2호 참조.

6. 채택되지 아니한 국민제안의 재심사

행정기관의 장은 채택되지 아니한 국민제안이 다음 중 어느 하나에 해당하는 경우 그 사실을 제안자에게 알리고 그 제안을 재심사하여 채택여부를 결정하여야 한다.

① 행정안전부장관이 국민제안의 재심사를 요청하는 경우

② 채택되지 아니한 국민제안을 보완·개선하여 실시하려는 경우

③ 행정기관의 장이 행정환경 변화 등에 따라 채택되지 아니한 국민제안을 실시할 필요가 있다고 인정하는 경우

한편 행정기관의 장은 국민제안을 재심사하는 경우에는 그 제안에 참여한 사람 개개인의 기여도를 결정하여야 한다.

4-4 중앙우수 제안의 심사

1. 자체우수제안의 결정

행정기관의 장은 자체우수제안(국방·군사에 관한 제안은 제외)을 결정하여 행정안전부장관에게 추천할 수 있다. 이 경우 제안추천서에 다음 각 호의 서류를 첨부하여야 한다.

① 국민제안 심사 관계 서류 사본

② 그 밖의 참고자료

2. 중앙우수제안의 심사 및 결정*

1) 중앙우수제안의 결정

행정안전부장관은 행정기관의 장으로부터 자체우수제안을 추천받았을 때에는 중앙우수제안 심사위원회의 심의를 거쳐 그 내용을 심사하여 중앙우수제안으로 채택할지 여부 및 창안 등급을 결정하고, 자체우수제안을 추천한 행정기관이 장에게 그 사실을 통보하여야 한다.

2) 중앙우수제안의 심사 및 의견 또는 자료제출

행정안전부장관이 중앙우수제안으로 채택할지를 결정하는 경우 심사기준 및 의견 조회 등에 관하여는 제8조 제1항 및 제9조를 준용한다. 이 경우 행정기관의 장은 행정안전부장관으로 본다.

3. 중앙우수제안심사위원회

1) 위원회 구성 및 운영

행정안전부장관은 자체우수제안을 공정하게 심사하기 위하여 행정안전부장관 소속으로 중앙우수제안 심사위원회를 구성·운영할 수 있다.

(1) 위원회 구성

① 인적구성 : 위원회는 위원장 1명을 포함하여 17명 이내의 위원으로 구성한다.

* 「국민제안규정」 제16조 제1항, 제2항 참조.

② 위원장은 위촉위원 중에서 행정안전부장관이 위촉한다.

③ 위원회의 위원은 관계 공무원과 국민제안에 관한 학식과 경험이 풍부한 사람 중에서 행정안전부장관이 임명하거나 위촉한다.

④ 공무원이 아닌 위원의 임기는 3년으로 하되, 한 차례만 연임할 수 있다.

(2) 운영

① 위원장은 위원회를 대표하고, 위원회의 업무를 총괄한다. 다만, 부득이한 사유로 그 직무를 수행할 수 없을 때에는 위원장이 미리 지명한 위원이 그 직무를 대행한다.

② 위원회의 회의는 재적회원 과반수의 출석으로 개의(開議)하고, 출석위원 과반수의 찬성으로 의결한다.

③ 간사는 1명을 두며, 행정안전부장관이 소속 공무원 중에서 지명한다.

④ 위원회의 효율적인 운영을 위하여 분야별로 분과위원회를 설치·운영할 수 있다.

2) 심의사항

① 자체우수제안의 평가 및 심사

② 중앙우수제안 채택 여부 및 창안 등급의 구분

③ 부상(副賞) 지급 금액

④ 다른 법령에 따라 위원회의 심의사항으로 규정된 사항

⑤ 그 밖에 행정안전부장관이 필요하다고 인정하는 사항

3) 위원의 제척 · 기피 · 회피 · 해임 · 해촉 등

(1) 위원의 제척

위원회의 위원이 심사 대상인 제안 및 제안자와 직접적인 이해관계를 가진 경우에는 위원회의 심의 · 의결에서 제척된다.

(2) 기피신청

제안자는 위원에게 공정한 심의 · 의결을 기대하기 어려운 사정이 있는 경우 위원회에 기피신청을 할 수 있고, 위원회의 의결로 이를 결정한다. 이 경우 기피 신청 대상인 위원은 그 의결에 참여하지 못한다.

(3) 회피

위원이 제척사유에 해당하는 경우에는 스스로 해당 안건의 심의 · 의결에서 회피하여야 한다.

(4) 해임 또는 해촉(解囑)

행정안전부장관은 위원회의 위원이 다음 각 호에 해당하는 경우 해당위원을 해임하거나 해촉할 수 있다.

① 심신장애로 인하여 직무를 수행할 수 없게 된 경우
② 직무와 관련된 비위사실이 있는 경우
③ 직무태만, 품위손상이나 그 밖의 사유로 위원으로 적합하지 아니하다고 인정되는 경우
④ 위원 스스로 직무를 수행하기 어렵다는 의사를 밝히는 경우
⑤ 제척사유에 해당됨에도 불구하고 회피하지 아니한 경우

4-5 시상 및 보상

1. 채택제안의 시상

1) 제안의 시상*

행정기관의 장은 채택제안의 제안자에게 포상을 하거나 예산의 범위에서 부상을 지급할 수 있다. 다만, 공동으로 국민제안을 제출한 경우에는 각자의 기여도에 따라 부상을 지급한다.

2) 시상의 제외

행정기관의 장은 채택제안의 제안자 또는 다른 사람의 채택제안과 동일하거나 유사한 국민제안 또는 「공무원 제안 규정」의 공무원 제안으로 이미 다른 행정기관에서 포상이나 부상을 받은 경우에는 채택제안에 대한 시상을 하지 아니할 수 있다.

2. 중앙우수제안의 시상**

1) 중앙우수제안의 등급과 시상규정

(1) 중앙우수제안의 등급

중앙우수제안의 창안 등급은 금상 · 은상 · 동상 및 장려상으로

---

* 「국민제안규정」 제18조 제1항 참조.

** 「국민제안규정」 제19조 참조.

구분하며, 각 등급에 해당하는 국민제안이 없는 경우에는 해당 등급의 시상을 하지 아니한다.

(2) 시상규정

중앙우수제안의 제안자에게는 「상훈법」 및 「정부표창규정」 에서 정하는 바에 따라 서훈을 하거나 표창을 할 수 있다.

2) 부상의 지급

(1) 지급기준

행정안전부장관은 중앙우수제안의 제안자에게 다음과 같이 부상을 지급한다.

① 금상 : 하나의 제안 당 500만 원 이상, 800만 원 이하
② 은상 : 하나의 제안 당 300만 원 이상, 500만 원 이하
③ 동상 : 하나의 제안 당 100만 원 이상, 300만 원 이하
④ 장려상 : 하나의 제안 당 50만 원 이상, 100만 원 이하

(2) 3명이상 공동제안 시 부상지급기준

3명이상이 공동으로 국민제안을 제출한 경우에는 제안자의 수를 고려하여 부상의 금액 상한을 「국민제안규정」 제19조 제3항 각 호의 2분의 1까지 높여 지급할 수 있다.

(3) 제안자 사망 시 지급기준

제안자가 사망한 경우 부상을 다음 순위에 따라 지급한다.

① 제안자가 지정한 자
② 상속인

3. 우수기관 등에 관한 포상 및 보상

1) 우수기관 · 공무원 포상 등

행정안전부장관과 행정기관의 장은 국민제안의 활성화에 직접적인 공로가 있는 우수기관이나 공무원에 대하여 포상을 하거나 예산의 범위 내에서 부상을 지급할 수 있다. 그 내용은 다음과 같다.

① 생활 공감 정책에 관한 국민제안

② 행정운영의 효율적 추진에 기여한 국민제안

2) 상여금 지급

행정기관의 장은 측정된 실시 성과를 바탕으로 해당 채택제안의 채택 및 실시에 직접적인 공로가 있는 공무원에게 예산의 범위에서 상여금을 지급할 수 있다. 지급하는 상여금의 지급액은 3천만원 이하의 범위에서 산정한다. 다만, 실시 성과의 기여도에 따라 상여금을 일부 감액하여 지급할 수 있다.

3) 보상

행정안전부장관과 행정기관의 장은 전시(展示) 등을 위하여 제안자로 하여금 시제품을 제작하게 하는 경우에는 예산의 범위에서 제작에 든 실비를 보상할 수 있다.

4-6 국민제안의 사후관리

1. 관리기간

행정기관의 장은 채택제안을 결정한 날부터 3년간 실시 여부의 확인 등 필요한 관리를 하여야 하며, 채택되지 아니한 국민제안은 채택하지 아니하는 것으로 결정한 날부터 2년간 보존·관리하여야 한다. 아울러 국민제안 관리기록부를 갖추어 관리기간 동안 채택제안 및 채택되지 아니한 제안의 보완·개선여부, 실시여부 등을 기록·관리하여야 한다.

2. 실시성과의 측정

행정기관의 장은 채택제안의 실시에 따라 행정업무의 개선, 예산절감 또는 국고·조세수입 증대 등의 성과가 있는 경우 그 성과를 측정하여야 한다.

1) 성과 측정기준

성과 측정기준은 다음 내용을 참조하여 수·우·미·양·가로 측정한다.*

① 행정서비스의 질적 수준 향상

② 행정제도 및 행정운영의 효율성 제고

③ 사고의 예방 및 재해의 제거

* 「국민제안규정」 제1항 및 제2항 제1호 내지 제5호 참조.

④ 근무환경 및 근무조건의 개선

⑤ 그 밖에 행정안전부장관이 정하는 사항

2) 회계기준

예산 절감 금액 또는 국고 · 조세수입이 늘어난 금액을 측정할 때에는 회계방법으로 하는 것을 원칙으로 한다. 이 경우 금액을 산출할 때에는 해당 국민제안을 실시하는 데에 든 경비를 빼야 한다.

3) 측정기간

성과의 측정기간은 채택제안이 실시된 후 최초로 성과가 나타난 날부터 1년간으로 한다.

3. 확인 · 점검

1) 국민제안 운영실적 및 실시결과 제출

행정기관의 장은 매년도의 국민제안제도의 운영 실적과 국민제안의 실시 결과 등을 다음 해 1월31일까지 행정안전부장관에게 제출하여야 한다.

2) 국민제안제도 운영사항 확인 · 점검 및 공개

행정안전부장관은 각 행정기관의 국민제안 채택실적, 채택제안의 실시 실적, 제안자에 대한 시상 및 보상 내용 등 국민제안제도 운영 전반에 관한 사항을 확인 · 점검하고, 그 결과를 공개할 수 있다.

4-7 국민제안의 활성화

1. 국민제안의 발굴 노력

1) 국민제안의 접수, 심사방법 등 보상 안내

행정안전부장관 및 행정기관의 장은 국민이 국민제안제도 운영에 적극 참여할 수 있도록 국민제안의 접수, 심사방법 및 보상 등에 관한 사항을 안내하고, 제안자가 국민제안과 관련하여 상담이나 정보를 요구하는 경우에는 적극 협조하여야 한다.

2) 국민 참여 플랫폼 활용

행정기관의 장은 국민제안의 활성화를 위하여 국민 참여 플랫폼을 국민제안 업무에 적극 활용하여야 한다.

3) 생활밀착형 국민제안 발굴(생활공감정책)

행정기관의 장은 생활공감정책*에 관한 과제를 선정하여 공모제안을 실시하는 등 매년 생활밀착형 국민제안의 발굴을 위하여 적극 노력하여야 한다.

2. 국민제안 정보의 공동 활용 및 확산

1) 국민제안 정보의 공동 활용

행정기관의 장은 국민제안의 심사 등을 효율적으로 하기 위하여

* 정부시책이나 행정제도 등을 개선하면 국민생활에 실질적인 도움을 줄 수 있는 정책

다른 행정기관이 접수한 국민제안의 제목, 내용, 제안자, 접수 일시, 채택 및 시상여부 등 국민제안 관련 정보를 공동으로 활용할 수 있다.

2) 우수 국민제안 확산

행정기관의 장은 채택한 국민제안이 다른 행정기관에서도 적용할 수 있다고 판단될 경우 다른 행정기관에 그 국민제안의 실시를 권고할 수 있다.

3. 국방 · 군사에 관한 국민제안 특례*

행정기관의 장은 국방 · 군사에 관한 내용의 자체우수제안은 국방부장관에게 추천하여야 한다.

1) 국방부장관의 심사 등

국방 · 군사에 관한 중앙우수제안의 심사, 채택여부의 결정 및 시상은 국방부장관이 한다. 이 경우 심사기준, 의견 또는 자료의 제출, 심사위원회 구성 · 운영, 시상 등에 관하여는 「국민제안규정」 제16조, 제17조 및 제19조를 준용하되, 행정기관의 장 또는 행정안전부장관은 '국방부장관'으로 본다.

2) 행정안전부장관과 사전협의

국방부장관은 중앙우수제안으로 결정되거나 포상 등 시상을 하는 경우 행정안전부장관과 미리 협의하여야 한다.

* 「국민제안규정」 제28조 참조.

참고문헌

김원규·이상식, ≪사무관리≫, 남두도서, 2013.

박문각 행정사연구소(편), ≪행정사 사무관리론≫ 서울 : 박문각, 2019.

임동민(편), ≪행정사2차 사무관리론≫ 경기 : 서원각, 2017.

찾아보기

저자 소개

김원규

- 충남대 및 건국대 대학원(석・박사)/행정학 박사
- 건국대 행정대학원, 극동대 대학원 등 대학 및 연수기관 강사 역임
- 1999년 대통령 표창/2001년 교육인적자원부장관 표창
- 민주평통자문위원(제7,8,9,11,12,13기) 역임
- 한국건물관리학회 부회장 역임, 한국건물관리연합회 이사
- 한국직업능력개발연구원 e-Learning 심사위원 역임
- 교육부 국가평생교육원 학점인정제 평가위원 역임
- 산업통상자원부 국가품질상 서비스혁신 인증부문 평가위원 역임
- 국립산림치유원 고객만족위원회 위원 역임
- 서울특별시 5급공무원 승진자격시험 출제 및 검증위원 역임
- 공인중개사, 주택관리사 출제 및 검토위원 역임, SH공사 평가심의위원
- 현) 한국주거환경학회 부회장
- 현) 산업통상자원부 국가기술표준원 KS-S 인증심사원
- 현) 경기도 광주시 지역화폐운영회 위원 및 식생활개선협회 공동대표
- 현) 경기도 이천시 교육지원청 국유재산심의위원회 및 인사위원회 위원
- 현) 동원대학교 교수
- 현) (사)향토자원발전협회 이사장

권경희

- 성신여자대학교 대학원 정치학박사
- 뉴욕주립대(올바니) 박사후 과정 수료
- 인하대 국제관계연구소 특별연구원, 성신여대 사회과학연구소 연구원 역임
- 숭실대, 인하대, 아주대, 성신여대 강사 역임
- 한국정치학회 부회장, 특임이사 역임
- 광주시 정보화추진위 자문위원 역임
- 동원대학교 기획실장, 학생처장 역임
- 2013년 교육부장관 표창
- 현) 한국정치학회 이사, 한국국제정치학회 이사
- 현) 경기도 이천시 교육지원청 인사위원회 위원
- 현) 동원대학교 경찰행정과 교수

사무행정관리

2019년 12월 30일 1판 1쇄 발행

저 자 김원규 · 권경희
발행인 남 승 우

발행처 도서출판 상尙 학學 당堂
서울특별시 동작구 사당로9가길 6
TEL : 02) 595-1692～4
FAX : 02) 595-1394
E-mail : namdoo6@unitel.co.kr
신고 : 2-155호 (1968. 11. 29)

정가 24,000원

ISBN 978-89-6587-096-8 13320

※ 이 책의 저작권은 저자에게 있으며, 저자의 동의 없이 복사 · 인용 · 복제 · 전재를 금합니다.